Nicolas Sarkozy,
le pouvoir et la peur

DU MÊME AUTEUR

Deux hommes pour un fauteuil. Chronique de la cohabitation, 1997-2001, Fayard, 2001

La Madone et le Culbuto ou l'Inlassable Ambition de Ségolène Royal et François Hollande (avec Carl Meeus), Fayard, 2006

Ségolène Royal, l'insoumise (avec Carl Meeus), Fayard, 2007

Marie-Ève Malouines

Nicolas Sarkozy, le pouvoir et la peur

Stock

ISBN 978-2-234-06483-6

© Éditions Stock, 2010

À Gilles,
Pour Antoine et Grégoire

Introduction

« En fait, il a peur. » Combien de fois ai-je entendu cette sentence au cours de conversations à bâtons rompus entre confrères ? Ces discussions qui meublent les interminables attentes des spécialistes de la vie politique : des sorties de réunions dont nous sommes exclus aux longs trajets qui commencent à l'aube pour aller entendre un discours prononcé à la mi-journée, en passant par ces fins de dîners entre journalistes qui ne sont pas intimes mais nourrissent la même passion pour ces animaux si singuliers. C'est là que nous parlons et plaisantons sans tabou, sans retenue. Comme les carabins qui s'esclaffent de blagues sordides, pour conjurer la mort. Nous parlons à tort et à travers, pour mieux maîtriser, ensuite, nos réflexions et nos questions. C'est dans ces moments-là que s'élaborent les hypothèses et les analyses les plus folles, les plus drôles, les plus intuitives aussi. Et pourquoi pas les plus justes ?

Car souvent, dans l'écume de ce verbiage inconséquent, une remarque revient. « En fait, Sarko a peur. » Peur du complot. Peur de la trahison. Peur de perdre ses fidèles. Peur de ne pas être à la hauteur. Peur de commettre de lourdes erreurs, comme ses prédécesseurs à l'Élysée. Peur de la presse, qu'il finit par abhorrer. Peur d'aller en banlieue où s'agitent des « mineurs de plus d'un mètre quatre-vingts ». Peur de perdre sa femme, sa moitié. Peur de lui-même.

Ce raisonnement vous paraît choquant ? Farfelu ? Incongru, concernant un homme qui ne cesse d'afficher sa puissance ? À moi aussi. Pourtant, en interrogeant les politiques qui le connaissent bien sur l'isolement dont il commençait à être victime à l'Élysée, j'ai vu se confirmer cette lecture des premiers pas du sarkozysme présidentiel. J'ai enquêté plus précisément sur le sujet, le raisonnement tenait toujours. La peur peut être un carburant performant, à condition de maîtriser sa vitesse.

Alors, autant tout poser sur la table. Analyser, décortiquer, confronter cette hypothèse aux faits, pour en arriver à ce livre. Telle une intime conviction, il se forge autour de moments forts, de signaux qui s'additionnent, et de confidences, plus nombreuses et franches que je l'imaginais, de la part de ceux qui croient sincèrement en lui mais doutent de certaines de ses postures.

Il ne s'agit pas de s'ériger en pamphlétaire pour railler les supposées fragilités d'un président qui se veut si fort. Le projet serait stérile. Il ne ferait que renforcer la conviction des pro- et anti-Sarkozy, pour lesquels la politique est encore un sujet digne d'intérêt.

Il n'apporterait aucun élément nouveau face à la crise politique qui ronge notre vieille démocratie. Les Français ne votent plus, soit parce qu'ils croient que les responsables politiques n'ont plus aucun pouvoir sur les vrais enjeux de notre siècle, soit parce qu'ils sont persuadés qu'ils n'en ont pas la volonté. Soit les deux. Nicolas Sarkozy a suscité l'intérêt, positif ou négatif, en 2007, parce qu'il promettait les deux. Il avait et la volonté et le projet. Ceux qui ont voté pour ou contre lui, pour l'aider à accomplir son programme ou au contraire pour aider celle qui s'y opposait, n'ont pas douté de sa sincérité. Or, le malentendu des premiers pas a donné le sentiment que, en réalité, Nicolas Sarkozy avait dissimulé ses véritables ambitions.

Chercher à comprendre les ressorts intimes du président de la République, c'est tenter d'approcher la sincérité du personnage qui mène le destin de notre pays. S'il est sincère, sa présidence aura un sens. Contestable ou non, elle aura un sens politique. S'il ne l'est pas, ses éventuels successeurs

11

devront s'efforcer sincèrement de renouveler les valeurs politiques pour pallier ce manque.

L'un des admirateurs de Nicolas Sarkozy, après m'avoir livré des éléments peu complaisants à son endroit, me fit cette remarque: « C'est intéressant comme sujet de livre. Ça peut l'amener à se poser des questions sur lui-même. Il déteste ça, mais ça peut lui rendre service. »

J'avoue que je ne me suis pas posé cette question.

L'illégitime

Tous les soirs, l'enfant attend sa mère en haut de l'escalier. Elle rentre tard. Ses deux frères sont avec la jeune fille qui les garde. Pas Nicolas. Il attend en haut des marches. Il veut être le premier à l'embrasser. Être rassuré. Elle est revenue, elle est là, elle est près d'eux. Elle ne les a pas abandonnés.

D'où lui vient cette peur ? Cette crainte qu'un jour il n'espère en vain le son du pas maternel. Cette même crainte qui le saisit l'été, quand elle confie ses trois garçons à ce couple d'amis, qui a une si belle villa, dans le golfe de Saint-Tropez. Elle se débrouille comme elle peut. Elle doit travailler, mais elle tient à ce que ses trois fils profitent de belles vacances. Quand elle repart, elle est convaincue qu'ils vont être heureux. Elle les imagine débordants de gaieté. Mais lui, à peine les a-t-elle quittés qu'il est envahi par le cafard. Il n'a envie de rien. Il se sent comme illégitime. Illégitime en ce lieu. Illégitime par rapport aux autres. Illégitime comme se sentent les enfants abandonnés.

Il souffre par elle. Il souffre pour elle. Qui ne dit rien. Qui ne parle jamais de ce père qu'elle a quitté, parce que la vie était impossible avec lui. Elle l'aime encore, sans doute. Elle n'en parle pas. Le silence sur la souffrance. Car elle est gaie. Volontaire. Déterminée. Pas de médiocrité, quelles que soient les difficultés. Elle veut que ses fils réussissent. Elle leur apprend l'effort. Les inscrit dans les meilleures institutions. Ils fréquentent des gens aisés, il leur faut le même style de vie qu'eux. Vacances sur la Côte d'Azur. Weekends à la campagne, dans les Yvelines. Mais lui sent bien qu'il n'est pas comme eux. Sa mère est divorcée. Elle ne dit rien, mais il les voit, lui, ces regards apitoyés ! Ces hochements de tête ! « Elle a bien du courage… » Il sent, lui, qu'ils ne sont pas du même monde. Il est déclassé. Sa mère, si courageuse, méritante, vaillante. Sa mère est divorcée.

Aujourd'hui, personne n'écarquille les yeux. Personne ne pince les lèvres pour retenir une exclamation choquée. Les enfants parlent de leurs « vrai » et « faux » pères, du mari de leur mère ou de la copine de leur père. De la mère de leur sœur. Chacun comprend. Mais dans les années soixante !

Toutes les mamans ne travaillent pas, d'ailleurs, loin de là. Alors que sa mère à lui non seulement travaille mais, qui plus est, est divorcée.

Il n'aime pas ce milieu, ces regards bienveillants, mais décernés d'en haut. Il n'aime pas ces codes policés. Il n'aime pas ces sports où l'on reste bien élevé, élégant, même au sommet de l'effort. Au tennis, que l'on pratique en tenue blanche impeccable, il préfère le visage transpirant de sueur et le maillot inélégant des cyclistes. Aux jeux de plage entre jeunes gens bien mis, il préfère le Tour de France regardé à la télé au café. Les passionnés réagissent sans chichis. Comme ça leur vient. Avec admiration. « Les forçats de la route », ça, c'est un exploit ! Des visages creusés par l'effort ! Des regards vrais ! Voilà ce qui l'impressionne et le fait rêver.

Il n'aime pas cette enfance. Il n'en garde pas le traditionnel souvenir de l'insouciance. Ce n'est pas un enfant exubérant. Pourtant, il évolue dans un milieu confortable, privilégié même. La famille vit dans l'hôtel particulier du grand-père, rue Fortuny, dans le dix-septième arrondissement de Paris. Études au cours Saint-Louis de Monceau, un établissement catholique. Justement. À l'école, avec ces amis bien comme il faut, il se sent différent. Humilié. Ils sont les seuls enfants dont les parents sont divorcés. Chaque monde a sa hiérarchie. Au royaume des aveugles, les borgnes sont rois. Dans la grande bourgeoisie, une femme divorcée peut être considérée comme courageuse, mais elle n'est pas une reine.

Comme il l'aime ! Comme il l'admire, pourtant, sa maman. Comme il veut être à la hauteur de ses exigences. Et elle en a ! Pas de faiblesse. Pas de facilité. « Plus c'est difficile, plus c'est stimulant. » « C'est seulement si l'on s'écoute que l'on ne va pas. » Il sent qu'il y a une souffrance derrière cette énergie souriante, derrière ce silence obstiné sur ce qui s'est passé avec le père. Il sait qu'il doit refréner sa sensibilité. Car elle est sa reine, et elle doit être fière de lui.

C'est sa reine, son unique reine, mais il doit la partager. Non pas avec le père, il est absent, mais avec ses frères. Guillaume surtout, l'aîné. Il a quatre ans de plus que lui. Il avait huit ans quand sa mère a pris ses enfants sous le bras en disant stop à ce mariage. Nicolas n'en avait que quatre. Il n'a pas bien compris. Il se souvient juste que sa mère lui a donné un album à colorier. Quant à François, ce n'était qu'un bébé. C'est avec le petit que le cadet dîne pourtant le soir, avant le retour de sa maman. Guillaume, plus grand, a le droit de partager le souper de la mère. Il joue le *pater familias*. Nicolas ne le supporte pas. Il le provoque, ce grand frère. Il se prend des peignées. Il recommence. Il veut être le seul. Le premier. C'est de cela qu'il a peur. Qu'elle ne lui préfère un autre. Qu'elle ne parte. Ne l'abandonne. Cette peur née dans l'enfance, elle se terrera au fond de son cœur, elle resurgira, plus tard, bien plus tard.

Pour l'instant, l'enfant la provoque, la domine. Même pas peur ! Il n'est pas du genre à se laisser faire. Pas exubérant, mais buté. Dans la bagarre, la compétition, il oublie la peur.

Face au père, il ne plie pas. Car il le rencontre de temps en temps, ce père absent. Un jeudi sur deux, avec ses frères. Exubérant, volubile, brillant, il commente leurs résultats scolaires. Il bouscule Nicolas, dont il estime qu'il devrait mieux faire. Nicolas se referme. Il ne veut pas succomber à ce séducteur qui fait souffrir sa mère, qui ne fait rien contre ce déclassement. Il parle bien, Pàl Sarkozy, venu de Hongrie. Il raconte volontiers des histoires fabuleuses, son enfance de jeune aristocrate hongrois, ses aventures pour fuir le communisme. Ses années de vaches maigres, à Paris, dormant sur une bouche de métro, sans semelle à ses souliers. C'est un artiste maintenant. Il aime afficher sa réussite. Belles voitures, gros stylos, montres brillantes, jolies femmes. Il aime séduire. Il aime plaire. Il aime se raconter. Il aime parler. Trop.

Nicolas Sarkozy apprécie mieux les silences de son grand-père. Il ne dit pas grand-chose, le père de sa reine. Benedict Mallah, originaire de Salonique, est arrivé pauvre en France, où il est devenu médecin. Il chante des chants juifs, l'Adon Olam notamment, dont Nicolas Sarkozy peut encore fredonner les paroles des dizaines d'années plus tard. Il n'est pas expansif, ce grand-père, mais il est là, simplement, tous les jours.

Souvent, le dimanche, il emmène Nicolas. L'enfant est alors le seul, l'unique, le premier auprès de lui, qui lui tient la main. Le but de la sortie ? Aller au bout d'une ligne de métro. Ils ne parlent pas. Ils sont ensemble, la petite main dans la grande, cela suffit. Au bout de la ligne, ils entrent dans un café. Le grand-père commande. Toujours la même chose. Café crème, jus de fruit, tartine beurrée. Ils parlent à peine. Ils profitent de l'instant. Au bout d'un moment, le grand-père donne le signal du départ. Ils reprennent le métro. Rentrent à la maison.

Ils ont fait toutes les lignes. Un moment partagé. Sans beaucoup parler. Les yeux de l'enfant croisent simplement un regard bienveillant. Il sent une poigne solide, rassurante. C'est cela, être présent. C'est ce que son père n'a pas voulu être.

Quand le grand-père protecteur est mort, la mère, un peu aux abois, s'est tournée vers le père. Il s'était remarié, avait eu d'autres enfants, s'était marié une troisième fois. Pàl Sarkozy profite de la vie. Il fait la sourde oreille, la mère s'en remet à la justice, peine perdue. Pourtant, il en a les moyens. Mais il refuse.

« Je ne vous dois rien », dit le père à ses fils. Nicolas a dix-huit ans, il est furieux. Envahi par la colère, souffrant terriblement de cette blessure, tellement frustré par son impuissance à obtenir raison pour sa mère. La loi n'y peut rien. La puissance n'est pas là. Le père les laisse tomber. Encore et toujours. La douleur de cette peur d'être abandonné est indicible. Inavouée. À ses fils, Pàl Sarkozy donne l'impression de préférer sa vie, ses plaisirs, sa fortune. À ce moment-là, pour le futur président de la République, l'avenir est une angoisse. Situation insupportable. Inadmissible. Il faut se battre. Être le plus fort. Dominer, pour ne pas dépendre du père, ou de quiconque. Combien de fois dans ses discours Nicolas Sarkozy assurera-t-il, à telle ou telle catégorie sociale, qu'il ne les laissera pas tomber. À ses yeux, l'abandon est une faute impardonnable. Sa blessure est toujours béante. À l'intérieur.

Fort du modèle incarné par sa mère, Nicolas Sarkozy se bat. Batailler pour oublier la peur. Lutter pour être un homme tel que sa mère l'entend. Croire ce que disait le grand-père: « L'avenir est une promesse. » Et donner tort à ce père, qui un jour lui a lancé: « Avec le nom que tu portes et les résultats que tu obtiens, jamais tu ne réussiras en France. »

Pourtant, ce père reviendra. Mais la force qui le fera reconnaître ce fils n'est pas celle de la justice. Ni celle des sentiments, ni celle de la condescendance ou du remords. La force qui guidera alors ses pas sera celle du pouvoir politique. Le pouvoir politique acquis par son jeune fils remplira de fierté Pàl Sarkozy. Il viendra assister au sacre de son fils à la mairie de Neuilly. Ce jour-là, Nicolas obtient sa revanche. L'enfant gagne son combat contre le père. Le père oublie son orgueil, son égoïsme, et vient prendre part à la réussite du fils. C'est la politique, le pouvoir, qui a donné cette puissance à Nicolas Sarkozy. C'est la politique qui a eu raison de son angoisse, de sa peur. L'enfant a rendu raison à sa mère, sa reine.

Écoutez-le, l'enfant devenu président de la République, parler de sa mère: « Jusqu'à la fin, au fond de lui, il restera cet enfant qu'une mère a voulu élever seule, auquel elle a décidé de donner tout son amour, auquel elle a inculqué jour après jour des leçons de dignité et de courage. Elle faisait partie de ces mères qui, dans l'épreuve, face aux fins de mois difficiles, apprennent à leurs enfants à ne rien accepter qu'ils ne puissent pas rendre. Il est resté cet enfant. Il est resté cet enfant meurtri. »

Ces phrases intimes prononcées avec émotion lors d'un discours solennel ne sont pas censées se rapporter à Nicolas Sarkozy. Elles sont dites par Nicolas Sarkozy. Devant le cercueil de Philippe Séguin.

Le chef de l'État prononce l'oraison funèbre de son ancien compagnon du RPR. Étrange hommage. Le ban et l'arrière-ban de la République sont rassemblés. Côte à côte. Sans un mot. Surmontant leurs rancœurs ou leurs amertumes réciproques. Choqués, unis, presque malgré eux, par cette mort inattendue de celui qui n'a jamais transigé avec ses valeurs, quitte à passer à côté des plus éminentes fonctions. Les hommages se sont succédé. « Il est plus grand mort que vivant », croirait-on entendre en murmure dans ce flot d'hommages respectueux. Comme pour le duc de Guise, mais pas à cause des circonstances du décès de ce héros républicain, simplement parce que tous le ressentent encore plus devant sa dépouille, Philippe Séguin avait la carrure d'un homme d'État. Lui qui ne fut jamais ni Premier ministre ni président de la République administre encore une leçon à tout le personnel politique français. Celle de la sincérité des convictions.

Le visage marqué, Nicolas Sarkozy est seul, devant le cercueil recouvert du drapeau tricolore. La robe noire du magistrat est posée un peu plus loin. Le chef de l'État a choisi d'organiser ces obsèques aux Invalides. Presque des funérailles nationales. Mais dans le silence glacé de l'église, quand il prend la parole dans un sanglot étouffé, sa voix est celle d'un ami qui crie sa peine: « Philippe ! Jamais je n'aurai imaginé que tu mourrais à soixante-six ans… »

Étrange hommage. Si personnel. Face à la mort, face à lui-même, Nicolas Sarkozy évoque le parcours de Philippe Séguin, si différent du sien, mais comment ne pas voir dans ce message si familier, avec ce tutoiement inattendu dans un lieu si solennel, comment ne pas voir que, en voulant donner

21

à comprendre son ami, Nicolas Sarkozy parle en réalité de lui-même.

Oui, comme lui, Nicolas Sarkozy a grandi dans la tendresse maternelle. Le père était absent. Celui de Philippe Séguin était mort pour la France. C'était un héros. Nicolas Sarkozy aurait tant voulu que son père fût son héros, comme le racontent Élise Karlin et Pascale Nivelle dans leur livre[1] ! La mère du futur président de la République n'était pas veuve de guerre, mais divorcée. La maman de Nicolas Sarkozy a élevé seule ses trois fils. Celle de Philippe Séguin s'est remariée. Peu importe la comparaison : ils avaient en commun cette blessure. Ce même « devoir d'orgueil » de ceux qui veulent être à la hauteur des exigences maternelles.

La Mère. Celle qui transmet l'exigence suprême. La définition de ce que doit être un Homme. Aussi courageux, bon, honnête que ce père « mort pour la France » selon l'expression de Philippe Séguin à l'école, quand il fallait préciser la profession du père, comme le raconte Nicolas Sarkozy.

Qui parle devant ce cercueil ? Un chef de l'État qui rend l'hommage de la République à l'un de ses fils, ou bien un enfant devenu adulte, qui enterre son ami, dont les meurtrissures étaient les mêmes ?

« Qui connaîtra jamais toutes les peines secrètes que tu portais en toi, qui de temps en temps assom-

---

1. Pascale Nivelle et Élise Karlin, *Les Sarkozy : une famille française*, Calmann-Lévy, 2006.

brissaient ton visage. Meurtri, blessé, tu l'as souvent été. Tu t'en es consolé en te mettant au service des autres », poursuit Nicolas Sarkozy. Parlant de Philippe Séguin. De lui-même. Ou des deux à la fois ?

Et quand il précise : « En entrant en politique, tu n'avais pas choisi un métier, tu avais cherché à donner un sens à ta vie », de qui parle Nicolas Sarkozy ?

N'est-ce pas l'enfant qui a craint qu'on ne l'abandonne qui, en entrant en politique, est parvenu à conjurer sa peur ? N'est-ce pas l'enfant meurtri, blessé, humilié de voir sa mère déclassée, qui a découvert que seul le pouvoir politique peut offrir ce que ni la justice, ni la droiture, ni l'amour ne parvenaient à conquérir : la reconnaissance du père. Seule la puissance du pouvoir politique a ramené le père vers son fils cadet, pour en faire le héros de la famille. L'héritier de la Reine.

Les patriarches

Le père n'est donc pas là. Il faut faire sans. Au quotidien. Le matin, quand on se prépare pour aller à l'école. En arrivant à l'école aussi. Les autres enfants en parlent, de leur père. Ou plutôt, ils parlent de leurs parents. C'est un tout, les parents. Un ensemble, qui va de conserve. Qui est content d'un bon carnet scolaire. Qui râle quand il est mauvais. Qui n'est pas d'accord sur la punition à administrer. L'un console quand l'autre gronde. C'est une entité, un repère. Nicolas Sarkozy, lui, ne peut pas parler de ses parents. Ils sont divorcés. Cet ensemble-là n'existe pas chez lui.

Pourtant, il est marqué par la personnalité si brillante, légère, anticonformiste, de son père. C'est peut-être de là que vient le rejet, presque épidermique, de Nicolas Sarkozy pour Mai 68. Car son père se meut comme un poisson dans

l'eau dans cette époque où il est interdit d'interdire. Son imagination est débordante. Il fait fortune dans la pub, percevant déjà les bases de ce qui
constituera la percée de la « com » dans les années
quatre-vingt.

Nous sommes au début des années soixante-
dix. La société de consommation est à son apo-
gée. Les jeunes qui la critiquent prônent une autre
forme d'insouciance, la société de la jouissance.
Et le père de Nicolas Sarkozy est bien dans cette
époque. C'est un amoureux de la vie. Un peu égo-
centrique. Un peu égoïste. Très peu respectueux
des convenances. Il n'y a qu'à lire son livre, publié
alors qu'il a plus de quatre-vingts ans. Son fils est
président de la République. Il traite avec les plus
grands et les plus puissants de ce monde. Et que
raconte son père ? Que révèle ce père qui lui a tant
manqué ? Qu'il s'est « senti trahi » parce que la
mère de ses enfants, la mère de l'actuel président
de la République par conséquent, eh bien cette
jeune femme, quand il l'a épousée, cette « jeune
mariée était déjà une femme quand elle devint » la
sienne. On ne peut être plus grossier et plus désinvolte.

La désinvolture, finalement, c'est ce qui caracté-
rise le père de Nicolas Sarkozy. Une désinvolture
suprême. Vis-à-vis de son rôle de père et d'époux.
« Qu'importe que je sois de plus en plus indispo-
nible et à cran avec mes proches, je considérais que
mon mariage devait fonctionner tout seul. [...] Je

n'avais d'égard que pour mon travail. » Voilà le credo revendiqué par Pàl Sarkozy de Nagy-Bocsa, qui narre avec une charmante légèreté son parcours de séducteur impénitent.

On ne peut pas en dire autant de son fils. Ses détracteurs le jugent parfois arrogant, parfois méprisant, mais pas vraiment désinvolte. Nicolas Sarkozy ne veut pas ressembler à ce père.

On peut gloser sur les talents dont Nicolas a hérité de lui. Ses talents d'orateur. Son inventivité. Et, surtout, son pouvoir de séduction et de conviction par le verbe. Il peut retourner le pire des sceptiques par la magie de ses mots. Cette capacité, presque physique, à amener l'autre sur son terrain et l'enrôler.

Son incapacité à faire durer ses mariages n'est pas un talent. Cela fait partie du patrimoine familial. Pourtant Nicolas Sarkozy a essayé de faire tout l'inverse. Sa famille est essentielle. Il est casanier. Mais ses mariages s'interrompent. Quand il rencontre Cécilia, la séparation d'avec sa première femme est longue et douloureuse. Il s'en veut tellement de reproduire une partie du schéma paternel ! Quant à son second divorce, chacun sait que la séparation n'est pas de son fait.

Nicolas Sarkozy, qui grandit auprès de sa mère, si travailleuse, et de son grand-père Benedict Mallah, tellement sérieux, ne cessera de lutter contre ses penchants hérités de son père. *Mon père, ce héros*, ce n'est pas son film. Il s'efforce même d'être l'exact opposé de son père. Benedict Mallah est son premier modèle. Aussi réservé que le père est volubile, aussi fidèle que le père est volage, aussi solide que le père est léger, aussi protecteur que le père est insécurisant. C'est à lui que Nicolas veut ressembler.

Et voilà que le discret Benedict Mallah commet un geste spectaculaire. Lui, le sage docteur Mallah, va manifester le 29 mai 1968 pour soutenir le général de Gaulle ! Car le grand-père a la fibre gaulliste, il nourrit le culte de la France. « L'homme du 18 juin », voilà qui parle à cet urologue qui, à quatorze ans, débarquait de Salonique, où il s'était déjà imprégné de la culture et du modèle républicain français.

De Gaulle, héros de son grand-père, sera aussi le sien. Un héros presque virtuel. Aperçu seulement, lors des défilés militaires. Mais pas plus virtuel que ce père absent, finalement. Charles de Gaulle, c'est, comme le grand-père, le confort économe de la bourgeoisie: il faut finir le pain sec avant d'entamer le frais. On éteint les lumières quand on sort de la pièce. On paie son électricité à l'Élysée. On protège, et l'on est fidèle à sa famille. On n'est pas trop démonstratif, mais on est toujours présent. De Gaulle, c'est aussi une envie de grandeur. La grandeur d'un destin. La grandeur de la France.

Ce sont deux héros qui ont la sagesse de l'âge. Nicolas Sarkozy respecte les anciens. Il sait leur parler, les rassurer, gagner leur confiance. Il se met souvent dans leur sillage. Son premier mentor est Achille Peretti, le maire de Neuilly. Quand l'édile le voit pour la première fois, il a plus de soixante-cinq ans, Nicolas Sarkozy, un peu plus de vingt. Mais il se rend rapidement indispensable au sexagénaire.

Ce fut sa première stratégie politique. Nicolas Sarkozy s'est choisi un patriarche, au sommet de la hiérarchie, sous l'aile duquel il se place et auquel il rend d'innombrables services. Toujours joyeux, il offre sa fraîcheur, sa jeunesse, sa créativité et son énergie. En échange, il espère bénéficier de l'expérience et de la sagesse de l'ancien. Au final, bien sûr, il en sera l'héritier. Le marché lui paraît honnête et équilibré.

La stratégie sarkozyste est calquée sur le parcours du seul modèle politique qu'il se reconnaisse, et auquel il a consacré son premier livre, une biographie : Georges Mandel.

Fils d'un tailleur juif du Sentier, le futur ministre de l'Intérieur commença sa carrière comme journaliste à *L'Aurore*, journal dirigé par Georges Clemenceau. Lorsque celui-ci devient président du Conseil, à soixante-seize ans, son collaborateur de trente-deux ans prend la fonction de chef de cabinet. Dans les pas de son puissant mentor, Mandel s'investit en politique, devient député, puis ministre. D'une lucidité précoce face au danger nazi, refusant la capitulation, il est assassiné par la milice en juillet 1944.

Un parcours sur lequel Nicolas Sarkozy ne tarit pas d'éloges. L'admiration pour cet homme de la IIIᵉ République est évidente. Pourtant, Nicolas Sarkozy n'est pas du genre à se dire impressionné par une figure dans les pas de laquelle il s'inscrirait. Il ne se reconnaît pas de modèle. Il a connu beaucoup de mentors, mais n'a jamais été leur héritier légitime.

Jusqu'à son envol pour la présidentielle de 2007, Nicolas Sarkozy s'est toujours mis dans le sillage d'un ancien. Il a toujours gardé l'œil sur le patrimoine dont il espérait hériter, mais il lui a toujours fallu se battre pour toucher ses dividendes.

À Neuilly, c'est Charles Pasqua qui devait prendre la suite d'Achille Peretti à la mairie. Il avait même désigné Nicolas Sarkozy comme mandataire de l'organisation de cette succession. C'est dire s'il faisait confiance à ce tout jeune élu. Le conseiller municipal doit sonder ses confrères sur la candidature du sénateur. Nicolas Sarkozy se rend compte que le coup n'est pas jouable. Charles Pasqua ne bénéficie pas, *a priori*, des soutiens nécessaires. En revanche, en aidant un peu le destin, et en forçant la main de quelques édiles, Nicolas Sarkozy calcule que le coup est à sa portée. Il le joue, et gagne. Charles Pasqua a été berné. Il s'en souviendra, il privera Nicolas Sarkozy de l'investiture aux législatives de 1986 ; lequel ne connaîtra les délices du pouvoir parlementaire que deux ans plus tard, en 1988. Peu lui importe, il a touché son héritage. Même s'il lui a fallu se faire des ennemis. La cuillère d'argent ne lui est pas tombée toute seule dans la bouche, il lui a fallu aller la décrocher avec les dents. Cette stratégie sera la sienne. Il préfère suivre les patriarches, devenir un rouage indispensable de leur système, plutôt que chercher à bouleverser l'ordre qu'ils ont établi. Il ne fait pas partie des jeunes rebelles.

Maire de Neuilly à vingt-huit ans, aux dépens de Charles Pasqua, Nicolas Sarkozy est pourtant perçu comme un jeune loup au RPR. Mais il ne participera jamais aux mouvements générationnels et contestataires des autres jeunes ambitieux de la droite. Il est pressé, lui aussi, mais il ne cherche pas à bousculer les habitudes du mouvement. « Place aux jeunes ! » crient en quelque sorte Michel Barnier, Alain Carignon, François Fillon et Philippe Séguin, alliés à des jeunes UDF de la même trempe en 1989. Pas Nicolas Sarkozy. Ils veulent bousculer les anciens. Nicolas Sarkozy, lui, préfère séduire les patriarches, et tracer sa route sous leur aile. Au final, lui seul débarquera au port de l'Élysée. Sa stratégie s'est révélée gagnante, mais cela n'a pas été sans tirer des bords.

Après avoir succédé à Achille Peretti, Nicolas Sarkozy a misé sur un autre ancien, placé au sommet de la hiérarchie du RPR, et qui vise un autre sommet encore plus haut, Jacques Chirac. Vingt-deux ans les séparent. Fidèle à sa stratégie, Nicolas

Sarkozy offre sa vitalité à son mentor. Peu avare de ses forces, il fait de même auprès d'Édouard Balladur. Dans un premier temps, la double fidélité est possible. Ce sera ensuite délicat, puis irrémédiablement inconciliable.

Le plus réceptif à cette stratégie est le placide Édouard Balladur. Étrangement, alors qu'enfant Nicolas Sarkozy rejette les codes bourgeois de ses fréquentations scolaires, devenu jeune ambitieux politique, il se coule dans le style presque suranné du balladurisme. C'est que, chez Édouard Balladur, l'éducation bourgeoise se mâtine d'une véritable urbanité. En cercle restreint, les bonnes manières de l'ancien Premier ministre sont teintées d'un humour fin, et agrémentées d'égards qui facilitent les relations. L'homme est d'un commerce agréable pour ses proches. Il sait être attentif et attentionné. L'affectation supposée ne masque pas l'affection, ou l'attention, qui sont réelles. Et puis, contrairement à Jacques Chirac, auprès d'Édouard Balladur, Nicolas Sarkozy est le premier. Il y aura bien Nicolas Bazire, mais le haut fonctionnaire – qui deviendra homme d'affaires après la défaite de leur champion en 1995 – n'est pas son concurrent politique, c'est son ami.

Autour de Jacques Chirac gravitent beaucoup de dauphins potentiels, dont l'un est le seul véritable héritier désigné du clan, Alain Juppé. Nicolas Sarkozy a beau déployer d'immenses efforts, se glisser dans l'intimité de la famille

Chirac, charmer Bernadette, devenir le grand frère affectif de Claude, il ne se sentira jamais reconnu comme le premier, le préféré du président de la République. Avec regret sans doute. Il se console avec la confiance que lui témoigne Édouard Balladur. C'est à lui qu'il fera cet aveu, beaucoup plus tard, en 2006 : « Vous êtes mon vrai père. » Ce n'est pas de la flatterie. À cette époque, Nicolas Sarkozy vole de ses propres ailes vers la présidentielle. Le compliment est totalement gratuit.

En 1993, Nicolas Sarkozy caresse à la fois Jacques Chirac et Édouard Balladur. Lequel n'est pas ingrat. Quand il accède à Matignon, où Jacques Chirac ne veut plus remettre les pieds, Nicolas Sarkozy perçoit son dividende, comme escompté. Il devient ministre du Budget, porte-parole du gouvernement, et même chargé de la communication. Autant dire que, à trente-huit ans, le jeune bras droit du chef du gouvernement a la main sur tous les dossiers importants.

Cohabitation oblige, il fréquente un autre patriarche politique à l'époque, François Mitterrand. Certains de ses proches assurent qu'il en est très impressionné. Nicolas Sarkozy s'en défend. Il assure que, contrairement à ses collègues jeunes ministres de l'époque, il n'a « éprouvé aucune fascination à l'endroit de l'ancien président ». La seule fois où Nicolas Sarkozy reconnaît avoir été troublé, c'est lors d'un conseil des ministres où est apparu tout le courage physique du président malade, voulant absolument maîtriser sa douleur et ne pas réduire la durée d'une réunion que, par prévenance, le Premier ministre cherchait à écourter. Nicolas Sarkozy salue une attitude « digne » et « respectable », mais conclut, avec toujours au fond de sa pensée la traduction de toute chose en rapport de force: « C'est finalement au moment où il était le plus faible que François Mitterrand m'est apparu le plus grand. »

En 1995, Nicolas Sarkozy choisit Édouard Balladur. Il était persuadé que celui-ci gagnerait l'élection présidentielle. Il se voyait déjà jeune Premier ministre à Matignon.

Mais il ne suffit pas d'obtenir les faveurs d'un patriarche pour en toucher l'héritage, encore faut-il que la succession se règle comme prévu. Et Nicolas Sarkozy s'est trompé. C'est Jacques Chirac qui hérite du patrimoine élyséen, et non Édouard Balladur.

Nicolas Sarkozy doit apprendre la patience. Et commencer à occuper le premier rôle. Il a déjà beaucoup appris auprès des anciens.

Achille Peretti, Charles Pasqua, Jacques Chirac, Édouard Balladur... Tous ces « pères » politiques de Nicolas Sarkozy ont un point commun. Chacun de leurs parcours présente au moins une différence avec celui du père de Nicolas Sarkozy, Pàl Sarkozy... Achille de Peretti et Charles Pasqua ont fait le choix de la Résistance, alors que l'aventure politique de son père, fuyant le bolchevisme, est bien plus romanesque, pour ne pas dire romancée. Jacques Chirac est l'incarnation d'une laborieuse obstination et d'une implantation terrienne, au cul des vaches en Corrèze, alors que Pàl Sarkozy n'est qu'insouciance, coups de chance et légèreté. Édouard Balladur enfin représente l'essence même de l'urbanité et du confort discret, tandis que le père de Nicolas Sarkozy n'a de cesse d'afficher bruyamment sa réussite. S'il ne les choisit pas consciemment comme les antithèses de son père, ils ont tous ce point commun. En revanche, Nicolas Sarkozy est absolument décidé à tirer profit de la fréquentation de ces patriarches. Et les leçons qu'il tire de leurs succès, et surtout de leurs échecs, le marquent à tout jamais. Elles sont gravées dans le marbre de la pensée sarkozyste. Elles lui tiennent presque lieu d'idéologie.

Édouard Balladur a perdu la présidentielle en grande partie parce qu'il ne disposait pas de la machine électorale que constitue un grand parti politique. Nicolas Sarkozy préférera quitter le gouvernement plutôt que renoncer à l'UMP. Certains chiraquiens ont cru que, ce jour-là, il avait signé sa défaite. C'était mal le connaître. Ses leçons, apprises dans sa jeunesse auprès de ces patriarches, constituent presque la matrice idéologique de Nicolas Sarkozy. Elles sont indiscutables, intangibles. Comme des lois imprescriptibles de la sarkozie.

Jacques Chirac a été dénoncé comme étant l'homme d'un clan. C'est sur cette accusation que François Mitterrand a construit la campagne menant à sa réélection en 1988. Nicolas Sarkozy n'a de cesse de prévenir ce coup. À peine arrivé au pouvoir, il s'affirme et s'affiche comme l'homme de l'ouverture. De nominations en nominations, il promeut des personnalités de gauche. La droite est excédée ? Qu'importe. Personne ne peut reprendre à son endroit l'accusation de François Mitterrand à Jacques Chirac. Même quand il ne pratique plus l'ouverture, lors du remaniement opéré après l'échec aux régionales de 2010, il se refuse à renier publiquement ce concept tant honni par les siens.

François Mitterrand et Jacques Chirac ont créé leurs propres déçus – dont la rancœur a sans doute été plus destructrice que les attaques de leurs adversaires respectifs – quand ils ont tourné le dos à leurs engagements de campagne. Les « déçus de la gauche », les « déçus de Chirac », « Chirac supermenteur ». Nicolas Sarkozy s'efforce de ne pas prêter le flanc à ces critiques. L'Élysée et l'UMP rivalisent d'argumentaires destinés à prouver que les promesses ont été tenues. Nicolas Sarkozy refuse d'admettre clairement que la crise l'a obligé à revoir ses ambitions à la baisse. Il s'obstine à vanter la réduction des impôts et à maintenir le bouclier fiscal, quoi qu'en disent des responsables de la majorité, qui ne sont pas forcément ses ennemis. Quand une idée est considérée comme la sienne, quand il l'incarne, et même si cela ne correspond pas à un engagement de campagne, Nicolas Sarkozy ne veut pas se dédire. Se dédire, c'est s'exposer à l'accusation de trahir ses engagements. Cette trahison-là, pour Nicolas Sarkozy, est insupportable. Non pour des questions de morale, mais parce que, fort de l'expérience de ses prédécesseurs, il est persuadé que le coût politique en est exorbitant.

Les tables de la Loi sarkozystes ne sont pas édictées en fonction de valeurs morales, mais d'efficacité politique. Qu'est-ce que la morale, qu'est-ce qui se fait ou ne se fait pas, quand tout jeune vous avez appris qu'un père peut volontairement être absent ? L'un de ceux qui le connaissent bien, sans être psychanalyste, estime que Nicolas Sarkozy n'a pas de « surmoi ». Dans l'interprétation profane de la notion freudienne, le « surmoi » est le siège des mécanismes de renoncement aux pulsions relevant des grands interdits. Il résulterait, de façon inconsciente, de l'intériorisation et de l'identification au modèle du « surmoi » incarné par les parents, plus particulièrement le représentant du même sexe, en l'occurrence l'exemple du père. Nicolas Sarkozy n'aurait pas construit sa morale en intériorisant uniquement le modèle du père. Il aurait mêlé le rejet du modèle paternel à l'idéalisation personnelle des patriarches qu'il s'est choisis.

L'avocat

« Moi, je suis un bâtard... »

Ses interlocuteurs sursautent. Le terme est fort, violent même, et, dans le cas présent, incongru. Le président de la République est en pleine discussion politique, sur une éventuelle candidature en 2012. Il vient de lister les réformes qu'il aura accomplies d'ici à la fin de son mandat. Mais il se défend de croire qu'un bilan puisse faire une élection. Contrairement à ce que Lionel Jospin avait cru en 2002. Mais là n'est pas la véritable erreur de l'ancien Premier ministre socialiste, selon Nicolas Sarkozy. « L'erreur de Jospin est d'avoir cru que Jacques Chirac était moralement inéligible », estime-t-il en fustigeant ces raisonnements d'énarques, de responsables politiques qui, de droite ou de gauche, reproduisent le même système de pensée. Lui, Nicolas Sarkozy, pense différemment.

« Moi, je suis un bâtard », explique Nicolas Sarkozy. Et le mot, dans sa bouche, n'est pas péjoratif. Il précise : « J'ai toujours été quelqu'un de différent. Je viens d'un autre chemin. » C'est une fierté. Sa fierté.

Nicolas Sarkozy n'a pas fait l'ENA. Il est bien diplômé de l'Institut d'études politiques à Paris, comme beaucoup d'autres, mais il se destinait à la profession d'avocat. Comme sa maman, qui a bien dû se mettre à travailler après la séparation d'avec le père. Il connaît bien la chose politique. Il s'y intéresse depuis que son grand-père a chatouillé sa fibre gaulliste. Pour son DEA, Nicolas Sarkozy a choisi de consacrer son mémoire au référendum de 1969, sur la régionalisation et la réforme du Sénat, qui conduira à la démission du général de Gaulle. Encore l'étude d'un patriarche politique afin de repérer les erreurs à ne pas commettre !

Voilà donc Nicolas Sarkozy avocat. Avocat d'affaires, comme sa mère. S'il insiste autant sur son parcours « différent », c'est qu'il sait qu'il ne fonctionne pas comme les autres hommes politiques. Ils sont quasiment tous sortis du moule de l'ENA. Il sait que cette uniformité lasse les Français. Lui ne fonctionne pas comme eux. Son logiciel est différent. C'est celui d'un avocat d'affaires. Il ne connaît pas de grands desseins, il ne théorise pas une idéologie. L'avocat Sarkozy ne connaît que quelques principes de base, des repères qui encadrent sa façon d'agir et de penser.

Nicolas Sarkozy est très critiqué pour son rapport à l'argent. Son goût de l'argent est décrié. Il pèse beaucoup dans la perception de l'affaire Woerth-Bettencourt. Nicolas Sarkozy aime le confort, voire le luxe que procure l'argent, il aime l'argent, c'est difficile de dire le contraire, mais c'est surtout parce que l'argent le rassure.

Posséder de l'argent signifie bénéficier d'une capacité à se débarrasser de l'angoisse de l'avenir. Cette angoisse qui a taraudé sa mère, à la mort de Benedict Mallah, quand elle ne pensait qu'à préserver le futur de ses enfants. Avoir de l'argent en réserve, c'est affronter l'avenir avec sérénité.

Dans le système de Nicolas Sarkozy, l'argent assure une sécurité, mais ce n'est pas tout, il constitue aussi un étalon. Il permet de mesurer la réussite, quel que soit le domaine où l'on exerce sa passion. Ne comptez pas sur lui pour admirer un artiste génial mais sans le sou. Dans le système de Nicolas Sarkozy, quand on est génial, on gagne obligatoirement de l'argent. Or, tous ses amis le confirment, Nicolas Sarkozy aime les gens qui réussissent. Il aime donc les gens qui gagnent de l'argent. Pas pour leur argent en soi, mais en tant que signe extérieur de leur réussite.

Pourtant, Nicolas Sarkozy a embrassé une carrière politique, qui n'est pas des plus lucratives. Il gagnerait bien plus d'argent en exerçant ses talents dans le privé. Mais en politique aussi la réussite se mesure par des chiffres précis : celui du nombre d'électeurs. Le chef de l'État est celui qui bat tous les records. Nicolas Sarkozy peut donc s'y mesurer, d'une part, parce qu'il peut aligner des chiffres, des millions (d'électeurs) et, d'autre part, parce que sa carrière politique lui donne la capacité de parler d'égal à égal avec tous ceux qui ont réussi. Quand on arrive au sommet comme lui, le mandat permet de tutoyer les plus puissants, qu'ils exercent les plus hautes responsabilités politiques, ou qu'ils soient riches d'une tout autre carrière.

L'argent est l'étalon de la valeur professionnelle de chacun. D'ailleurs, pour Nicolas Sarkozy, on exerce une profession, pas un art ou une mission. Il n'y a que des métiers. Certains créatifs peuvent parler de leur passion – comme la musique, la peinture ou l'écriture –, à laquelle ils consacrent tout leur temps. Pour Nicolas Sarkozy, il n'y a que de bons ou de mauvais professionnels. Certains hommes politiques vivent leur mandat comme un dévouement, une mission, au service de l'État ; pour Nicolas Sarkozy, c'est un métier. Président de la République, c'est un métier. Il « fait président », comme il aurait pu faire avocat.

Nul ne prétendrait qu'un bon avocat propose ses services au rabais. L'argent évalue la qualité de l'avocat. Plus l'avocat est bon, plus il fait gagner de l'argent à son client, plus ses services sont rétribués largement. L'argent est ce qui marque la victoire. Un dossier bien mené, et gagné, rapporte de l'argent. Faire gagner de l'argent est un service qui se paie. Nicolas Sarkozy ne nourrit aucun complexe à ce sujet.

À un journaliste qui vient l'interroger pour rédiger un livre d'enquête politique, il s'étonne, avec un soupçon d'indignation. Car il tient à ce que l'écrivaillon soit conscient du cadeau qui lui est, gratuitement, offert. « Car après tout, remarque Nicolas Sarkozy, vous souhaitez que je vous donne des informations inédites, qui vont vous permettre d'écrire un livre intéressant... Donc ce récit va bien se vendre, vous allez gagner de l'argent grâce à moi, et moi, qu'est-ce que je gagne en échange ? » C'est dit avec une telle assurance que le journaliste se demande, un très bref instant, s'il ne s'agit pas d'une discrète demande d'un pourcentage sur les futures ventes.

Il est le seul homme politique à raisonner de cette façon mercantile. Il ne viendrait jamais à l'esprit d'aucun autre homme politique de faire remarquer à un directeur de journal, ou de chaîne radio ou télévisée, qu'il lui fait gagner de l'argent en s'exprimant dans son média plutôt qu'un autre. Nicolas Sarkozy l'assume régulièrement. Il ne réclame pas une rétribution, évidemment, mais il révèle son approche financière des relations professionnelles. D'où ses rapports fluctuants avec la presse.

Nicolas Sarkozy ne comprend pas bien cette relation de proximité professionnelle qui, à ses yeux, suscite des implications financières, que les journalistes ignorent. Là encore, il raisonne comme un avocat. Dans un dossier, il y a les adversaires et les alliés. Selon leur rôle, les différents acteurs basculent d'un camp à l'autre. Pour Nicolas Sarkozy, on est avec lui, ou contre lui. Ce statut de vecteur neutre qui rend compte des actions de l'un comme de l'autre le hérisse. Il veut savoir où se situent ces observateurs, qu'il raille à la moindre occasion.

Il s'indigne de devoir, en tant que président de la République, inviter à l'Élysée pour recevoir leurs vœux des journalistes qui ne seront ensuite tenus par aucune obligation, et qui après avoir mangé « ses » petits-fours vont rédiger leur papier d'une plume aussi libre et critique que les buffets de l'Élysée sont chargés et avenants. Il a d'ailleurs purement et simplement rompu avec cette tradition. De même, il s'interroge sur le coût des moyens mis en œuvre pour rechercher des journalistes pris en otages en Afghanistan. Pour l'avocat Nicolas Sarkozy, il n'y a pas de tabou, tout service a un prix.

Il existe bien d'autres avocats dans le milieu politique mais, en pénétrant le monde électoral, beaucoup ont abandonné ce mode de raisonnement. Ils ont acquis le sens de l'État, se comportent et raisonnent comme des serviteurs de la Nation. Pas Nicolas Sarkozy. Il s'en tient aux principes acquis dans l'enfance et lors de ses jeunes années. Il reste un avocat, raisonne comme un avocat, gère comme un avocat, et fait de la politique comme un avocat.

Un profil plus politique aurait tendance à envisager les problèmes dans une globalité. Les thèmes de la gauche tournent autour de la justice sociale. Une partie de la droite peut défendre l'ordre, ou la libre entreprise. L'idéal de Nicolas Sarkozy se résume en un slogan, « travailler plus pour gagner plus ». Outre le fait que le travail offre un statut et permet d'assurer une vie de famille agréable et heureuse, d'autres auraient vanté le fait que le travail identifie la personne, permet son accomplissement personnel. Non, pour Nicolas Sarkozy, le travail permet de gagner plus d'argent, car la réussite personnelle se mesure à l'argent gagné. La boutade de Jacques Séguéla ne dit pas autre chose quand il résume la réussite d'une vie, à cinquante ans, à la capacité de s'offrir une Rolex.

Incapable de théoriser une pensée politique globale, Nicolas Sarkozy n'envisage les enjeux politiques que comme une succession de dossiers qu'il faut étudier, et gagner. Peu importe que les arguments qui permettent de conclure la première affaire ne soient pas compatibles avec ceux de la seconde, l'essentiel est d'avoir gagné les deux dossiers.

Les sujets politiques doivent donc être examinés sous toutes les coutures, et les différentes solutions possibles énoncées, évaluées et adoptées ou rejetées.

C'est ainsi qu'il a toujours fonctionné, et c'est le mode de réflexion qu'il impose à ses collaborateurs.

Quand Nicolas Sarkozy travaillait pour autrui, Jacques Chirac ou Édouard Balladur, il a toujours épaté par sa capacité à soulever des problèmes, mais en y adjoignant systématiquement plusieurs solutions. Jamais il ne posait une difficulté sans proposer plusieurs issues possibles. D'où sa capacité à séduire des leaders qui ont plus souvent l'habitude d'être sollicités pour inventer la résolution d'un problème. Leurs subordonnés s'en remettent à eux car, justement, le chef est chef parce qu'il sait les tirer de l'embarras. Nicolas Sarkozy déteste les importuns qui viennent exposer un problème sans offrir de portes de sortie.

Cette approche, Nicolas Sarkozy l'impose encore au niveau européen, et aimerait l'étendre au niveau international.

« Ils convoquent les réunions une fois que tout le monde est d'accord ! Moi je dis que les réunions servent à mettre les gens d'accord », s'insurge le futur président du G20, ancien président de l'Union européenne.

Tel l'avocat qui peut retourner le cours d'un procès par une plaidoirie réussie, ou en dégainant un argument imparable qui déstabilise la partie adverse, Nicolas Sarkozy croit en la vertu du verbe et du corps à corps politique. Il est persuadé qu'un bon discours peut retourner la situation.

C'est ainsi qu'il a cru, par sa présence et fort de sa capacité de séduction et de persuasion, inverser le cours du sommet de Copenhague. Mais, en vertu de la vieille règle selon laquelle les dirigeants ne se réunissent que pour acter un travail préparé par leurs subordonnés, le sommet était joué avant l'arrivée des chefs d'État et de gouvernement. Une fois Nicolas Sarkozy sur place, il n'y avait plus rien à négocier, il était déjà trop tard.

Sur le plan européen, en revanche, cette méthode a porté ses fruits. Lors de la crise financière de l'automne 2008, en qualité de président de l'Union européenne, Nicolas Sarkozy convoque des réunions internationales dans l'urgence, et obtient des avancées. Il ne s'agit pas de réunions formelles, longuement préparées comme de mauvaises pièces de théâtre où chacun débite son texte rédigé à l'avance. Nicolas Sarkozy donne alors toute la mesure de son talent d'avocat. C'est presque un joueur de poker. En tout cas, quand il peut jouer le maître de cérémonie et imposer son style, lors de ces réunions, les dossiers progressent.

Au printemps 2010, dans l'urgence une nouvelle fois, les Européens doivent monter un plan de sauvetage en faveur de la Grèce. L'Allemande Angela Merkel joue la petite sœur de Margaret Thatcher – qui voulait son « money back » – et garde la main agrippée à son portefeuille. Elle ne veut pas payer les erreurs des Grecs. Nicolas Sarkozy a bien essayé de la convaincre. Cela fait des mois qu'il propose un plan d'aide à la

Grèce: « Plus nous attendons, et plus ça coûtera cher, Angela ! » « Mais je ne peux pas... » se lamente la chancelière. À Bruxelles, la France fait front commun avec l'Italie et l'Espagne, face à l'Allemagne, mais la situation paraît bloquée. Comme dans une négociation entre avocats d'affaires, Nicolas Sarkozy sort une dernière carte. Il menace. En termes à peine voilés: « La France pourrait réexaminer sa situation dans l'euro... » Tel un actionnaire qui s'interroge tout haut sur le maintien de sa participation dans une filiale du groupe qui refuse de le suivre pour une autre opération, Nicolas Sarkozy joue sa partition sur des éléments vitaux. Il n'en appelle pas à la responsabilité historique ou politique de l'Allemagne, ou à l'engagement européen de la chancelière, il la tape au portefeuille. Et emporte le morceau ! Ce récit aurait été rapporté par le chef du gouvernement espagnol, José Luis Zapatero, à des barons du PSOE. Face au tollé, l'Espagne dément mollement, l'Élysée assure que Nicolas Sarkozy n'a jamais pensé une seconde quitter l'euro. Ce qui est vrai. Le coup de bluff visait à faire plier Angela Merkel. Ni plus ni moins.

Nicolas Sarkozy aurait pu se réaliser dans une belle carrière d'avocat d'affaires, s'il n'avait ressenti un énorme besoin d'être vu et reconnu comme étant le plus fort.

Gagner de l'argent, réussir dans un cabinet d'avocats, c'est bien. Mais tenir une foule, maîtriser son silence attentif, puis déclencher ses acclamations qui montent vers soi et vous transportent, c'est un plaisir indicible, comparable à celui qu'éprouvent les chanteurs à succès, dont Nicolas Sarkozy aime tant la compagnie. Au début, ce qu'il appréciait surtout, c'était « provoquer l'approbation bruyante de la salle ». Avec l'âge, il a pris goût « au silence attentif, né de la force du raisonnement » qu'il expose. Dans les deux cas, il s'agit bien de la manifestation d'une reconnaissance.

Ce virus, il l'a contracté alors qu'il n'a pas encore vingt ans, au cours d'un meeting de Jacques Chaban-Delmas à la patinoire de Boulogne, lors de la campagne de 1974. Une première émotion devant la force du verbe de l'homme de la « nouvelle société », mais aussi en se sentant en symbiose avec la culture « populaire » des militants gaullistes, tout en apercevant des gloires politiques et même cathodiques. Il s'émerveille autant de la présence d'André Malraux que de celle de Guy Lux ! Il s'engage à l'UDR. Nicolas Sarkozy prend la parole lors des Assises départementales. Une intervention soigneusement préparée. Il planifie méthodiquement de séduire d'abord les jeunes du fond de la salle, pour finir par les hiérarques du premier rang. Opération réussie : il obtient son ticket pour prendre la parole lors des Assises nationales à Nice. Après Michel Debré, c'est à lui que Jacques Chirac donne le micro pour deux minutes. Telle une vraie bête de scène, le jeune Sarkozy donne tout ! D'abord il dit toute son admiration à ses idoles, les hiérarques du premier rang, puis il assure aux plus jeunes qu'« être gaulliste, c'est être révolutionnaire ». Il enflamme la salle. Lui se consume de plaisir : « J'ai entendu les applaudissements qui interrompaient mon discours, confie-t-il plus tard à sa biographe Catherine Nay, j'étais ébloui par les lumières, je ressentais comme une forme d'ivresse. Pour un peu, je ne serais plus redescendu de la tribune[1]. » Ce jour-là, Nicolas Sarkozy a décidé qu'il ne se consacrerait pas uniquement au métier d'avocat, il serait une star de la politique.

Cette ivresse est comparable à celle des artistes sur scène. Long discours ou tour de chant, la poussée d'adrénaline quand on sort de sa loge pour pénétrer sur scène est la même. Le sentiment de puissance est le même que celui du sportif qui franchit en tête la ligne d'arrivée. La montée d'adrénaline galvanise Nicolas Sarkozy. « Il en produit trop », s'amuse un ami. C'est pour cela qu'il est bon dans les crises. Il se sent bien quand l'adrénaline monte. C'est alors qu'il est calme. Mais quand la situation est sans aspérité, que cette hormone est inemployée, il ne sait vers où diriger son trop-plein d'énergie, il n'écoute pas, il s'agace, il est mauvais.

---

1. Catherine Nay, *Un pouvoir nommé désir*, Grasset, 2007.

L'hypermnésique

Ce sont ses proches et ses amis qui le disent: Nicolas Sarkozy est hypermnésique. Du grec *huper*, « au-dessus, au-delà », « avec excès », et *mnasthai* « se souvenir ». L'hypermnésique se souvient donc beaucoup, et parfois trop. Dans ce dernier cas, c'est même une pathologie qui peut conduire à la paranoïa. Mais quand les amis de Nicolas Sarkozy utilisent ce mot, c'est pour décrire un don: une incroyable capacité à tout retenir. « Il se souvient de tout ! » s'exclament-ils avec enthousiasme.

Si l'on pousse un peu la définition, l'hypermnésique a tendance à tout enregistrer et classer, afin de le garder en mémoire. Les admirateurs de Nicolas Sarkozy décrivent sa mémoire phénoménale et son impressionnante aptitude à analyser les situations, les décortiquer, les décrypter. Il est comme un ordinateur, qui confronterait chaque nouvelle donnée à celles de sa base, pour en faire le tri et les ordonner. Chaque information est un morceau d'un vaste puzzle qu'il assemble jusqu'à ce que chaque élément trouve une place. Nicolas Sarkozy lui-même se décrit comme quelqu'un qui réfléchit beaucoup. C'est le propre de cet hypermnésique tel que le perçoivent ses amis. Mais cette qualité a un revers.

Nicolas Sarkozy se souvient de tout, réfléchit beaucoup et très vite. Plus vite que les autres. D'où une certaine difficulté à le faire changer d'avis. Car, alors que son interlocuteur en est encore à enregistrer les données du dossier, Nicolas Sarkozy en a déjà fait le tour. D'autant plus s'il s'est penché dessus avant leur rencontre. Il est donc rarement surpris par les arguments de son entourage ou de ses ministres. Bien souvent, il les a déjà étudiés et leur a attribué une place dans son puzzle personnel. Sa position est arrêtée. Il cherche plutôt à la conforter. En tout cas, dans la plupart des cas, il a déjà en tête une conclusion qui justifie la place de chaque élément. Quand il est surpris, ou contré, par un argument inattendu, c'est tout l'échafaudage qu'il a construit pièce par pièce, qui s'effondre.

Dans un premier temps, il n'aime pas cela. Il conteste la présentation de cet élément sous un angle différent du sien. Mais il n'est pas si obtus. Il y repense. Plus tard, seul. Il reconstruit son puzzle. Cela peut prendre du temps, et ce n'est parfois que plusieurs jours après la confrontation qu'il change d'avis. Mais faire vaciller l'échafaudage sarkozyste demande de l'énergie et du tempérament de la part de ses interlocuteurs.

Or, il est bien difficile d'avoir du tempérament devant Nicolas Sarkozy. À l'Élysée, il y a ses collaborateurs. Ils sont là pour travailler pour lui. Il ne leur demande pas de s'opposer à lui. Ce sont des subordonnés, dont il attend des notes, des dossiers, des idées, pas de la contestation. À son arrivée à l'Élysée, tous les matins à 8 h 30, le président de la République participait à la réunion de cadrage de la journée. Chacun y arrivait en ayant lu la presse, écouté les radios. Nicolas Sarkozy donnait le ton. Claude Guéant, le secrétaire général, prenait note. C'était la réunion d'un patron avec ses collaborateurs. C'était efficace, professionnel, sans bavure.

Il y a aussi les rencontres de la majorité. Le petit déjeuner du lundi ou du mardi matin où sont représentés les différents institutionnels et partisans de la majorité présidentielle. C'est là, normalement, que se nourrit et s'enrichit la discussion politique. Sont notamment réunis, dans le salon vert, au premier étage du palais présidentiel, le Premier ministre, François Fillon ; le secrétaire général de l'UMP, Xavier Bertrand ; celui du Nouveau Centre, Hervé Morin ; les représentants

51

des assemblées, Bernard Accoyer, le président de l'Assemblée nationale, Gérard Larcher, son homologue au Sénat ; les présidents des groupes majoritaires, comme Jean-François Copé pour les députés, Gérard Longuet pour les sénateurs. L'ancien Premier ministre de Jacques Chirac, Jean-Pierre Raffarin, fréquente lui aussi ces petits déjeuners. Les participants sont très nombreux. Trop, même. Personne ne dit rien. Enfin, rien qui fâche le chef de l'État. Ce qui revient au même.

Nicolas Sarkozy aime la louange. Il la suscite, et souvent se paie le luxe de renchérir. Quand il quittait un studio de télévision ou de radio, après avoir accordé une interview, Jacques Chirac se faisait modeste. À l'un de ses admirateurs qui trouvait qu'il avait été très bon ou excellent, l'ancien président de la République répondait, pince-sans-rire : « Ah, oui... Vous trouvez que je n'ai pas été trop mauvais pour une fois... » L'ironie servait à désamorcer la tendance naturelle des entourages à vouloir rassurer leur champion.

Nicolas Sarkozy est tout autre. Tel un boxeur qui sort du ring, il en rajoute. Au compliment d'un conseiller ou d'un proche, qui salue sa prestation, il n'oppose aucune distance, au contraire, il insiste, et souligne lui-même combien l'une de ses propres reparties était forte et bien ajustée au point de mettre son contradicteur (journaliste ou autre) dans l'embarras ! Nicolas Sarkozy a besoin de compter les points. Et de gagner.

Dans ce contexte, il est difficile d'émettre la moindre nuance. D'ailleurs, Nicolas Sarkozy ne cherche pas les critiques.

Lors des petits déjeuners de la majorité, l'organisation de la discussion n'est pas destinée à susciter la critique. C'est d'abord Nicolas Sarkozy qui prend la parole. Longuement. Il dresse son tableau de l'actualité. Il passe en revue tous les événements commentés par la presse et, généralement, se dit assez satisfait de la situation globale. Le plus souvent, ce sont les journalistes qui sont accusés de volontairement produire des papiers destinés à l'affaiblir. Nicolas Sarkozy est persuadé que la presse ne l'aime pas. Il ne conçoit pas qu'un rédacteur puisse écrire sur lui ou son action sans glisser de l'affect dans son article. L'indifférence est un sentiment qu'il ne sait pas feindre. Si on l'aime, la partie est facile. S'il sent de l'aversion, il s'efforce de séduire. Rien de plus amusant pour lui que de désigner un journaliste, notoirement de gauche, comme son plus brillant adversaire. En hissant le plumitif au niveau du premier contradicteur du président de la République, Nicolas Sarkozy sait qu'il flatte l'ego, par nature frustré, de l'observateur passif. Une fois son ego amadoué, le détracteur baisse un peu la garde, et Nicolas Sarkozy en profite pour faire passer quelques messages à son avantage.

Mais Nicolas Sarkozy a beau être expert dans la science de la flatterie, il est lui aussi sensible à cette forme de compliment. Il est toujours étonnant de voir comment les plus grands séducteurs se laissent séduire par les flagorneurs.

Face aux siens, dans le salon vert, une fois qu'il a fait la démonstration imparable de ses réussites et des échecs, ou des lacunes, des autres, le chef de l'État passe la parole au Premier ministre, François Fillon. Lequel, généralement, se garde bien de contester frontalement l'analyse du président de la République. Vient ensuite le secrétaire général de l'UMP. Patrick Devedjian hier, Xavier Bertrand aujourd'hui ne contredisent pas Nicolas Sarkozy. Ce n'est pas le lieu. Les autres participants n'ont pas grand-chose à ajouter non plus. Nicolas Sarkozy a tout dit. Il a distribué les bons et les mauvais points. Laissant parfois exploser sa colère sur tel ou tel ministre ou parlementaire (absent) qui a cru bon d'émettre quelques critiques que la presse, forcément hostile et malveillante, s'est empressée de reproduire. Parfois aussi, de façon elliptique, il fait la leçon à l'un des participants. C'est si subtil que certains jurent la main sur le cœur ne pas avoir saisi l'attaque. D'autres se délectent des malheurs de la victime du jour, et le susurrent à qui mieux mieux, si bien que la presse, encore elle, s'en fait l'écho. Ce qui agace énormément Nicolas Sarkozy.

Toujours est-il qu'avec cette forme de monologue, suivie de quelques approbations plus ou moins forcées, Nicolas Sarkozy n'entend rien qui contredise son raisonnement. Ainsi, quand il explique qu'il est convenu de s'exprimer lui-même sur un sujet dont tout le monde sait que le chef du gouvernement aurait aimé le prendre en charge, le chef de l'État se tourne vers le Premier ministre juste pour dire: « Tu es d'accord, n'est-ce pas François ? » Et le pauvre François Fillon n'a d'autre choix qu'acquiescer.

Les autres participants ne sont guère plus loquaces. Rares sont ceux qui avouent qu'il est impossible de dire des choses désagréables au président « parce que c'est lui qui parle tout le temps ». D'autres ne souhaitent pas prononcer des mots qui pourraient blesser l'un des autres participants. Ils attendent d'être en tête à tête avec le président, ce qui n'arrive pas si souvent. Certains assurent qu'ils ne craignent pas de dire la vérité, même difficile, au chef de l'État, mais ils relativisent aussitôt en estimant que, pour porter ses fruits, leur critique ne peut être systématique. Ils utilisent donc ce « droit de tirage » avec parcimonie.

Au final, les réunions de la majorité permettent à Nicolas Sarkozy de développer des argumentaires, que les plus zélés s'empressent de répandre dans les médias et auprès de leurs affidés.

Le système est tellement visible que l'expression EDL est devenue courante dans le jargon politique. Les EDL, à l'origine, ce sont les « éléments de langage » que les services de communication d'un camp distribuent à leurs représentants. Lesquels ne sont pas forcément au fait de tous les sujets sur lesquels ils peuvent être interrogés. Ce sont de brefs exposés qui, traditionnellement, reprennent quelques chiffres clés ou des repères destinés à étayer l'argumentation de ceux qui s'expriment dans les médias. C'est une façon d'organiser la riposte cohérente de tout un camp. Avec Nicolas Sarkozy, la méthode s'est professionnalisée, et les reparties livrées prêtes à l'emploi. Lors des élections régionales, le document destiné à alimenter les commentaires d'après premier tour s'étire sur trois pages. À chaque thème correspond une phrase forte à lancer comme un cri du cœur dans un débat de soirée électorale.

Sur l'abstention, dire que « la gauche a mené une stratégie d'évitement en ne parlant jamais des enjeux régionaux pour éviter de parler de son bilan calamiteux ».

Sur le résultat des socialistes, dire qu'« il faudra tout de même expliquer que (29 % ?) pour le PS est une victoire et que le même score pour la majorité est une défaite ! » On dirait du Sarkozy dans le texte.

Sur le vote FN, dire qu'« un électeur sur deux du FN a compris que le gouvernement apportait des réponses concrètes à ses interrogations ».

Ces phrases, du « prêt-à-parler » cousu main, ont été rédigées avant le résultat du premier tour. L'UMP apparaissait encore en position de largement devancer le PS. Après une ultime réunion à l'Élysée, les porte-parole du président se sont égaillés dans les médias pour assurer qu'il ne s'agissait pas d'une défaite. Nicolas Sarkozy voulait croire que tout pouvait changer au second tour. Après examen des sondages, se souvenant peut-être de l'expérience d'Édouard Balladur en 1995, le chef de l'État avait expliqué que, lorsqu'un vrai mouvement de recul électoral s'engage dans une campagne, il ne peut que s'accélérer. Si ce mouvement se stabilise, c'est que ce n'est pas un véritable recul, on peut même espérer l'inverser. Tout restait donc possible pour le second tour des régionales. Personne n'a osé contredire Nicolas Sarkozy. Ministres, responsables du parti, élus, ils sont tous allés expliquer que l'UMP n'avait pas perdu le premier tour des régionales.

Plus récemment, alors que des voix de plus en plus nombreuses s'élèvent parmi les parlementaires UMP pour réclamer la suspension, au moins provisoire, du bouclier fiscal, le parti du président distribue un nouvel argumentaire. Jusque-là, pour ne pas revenir sur cet acte fondateur du sarkozysme au pouvoir, après la promesse du candidat de baisser les impôts, l'argument massue avait été de dire et répéter qu'« un bouclier qui laisse passer des flèches, ce n'est plus un bouclier ». Mais les déficits se creusent, la Grèce est en déroute, il faut bien trouver de l'argent quelque part !

Quelle que soit l'insistance des parlementaires de la majorité, il n'est toujours pas question de revenir sur le bouclier fiscal. C'est un principe présidentiel intangible. Un autre argument est délivré : « Il faut rappeler que le bouclier fiscal coûte entre 500 et 600 millions d'euros, suivant les années, et non les milliards dont parle la gauche. » Et quand un micro se tend, pour poser la question de la suspension de ce dispositif en temps de réduction des déficits, les ministres, responsables de parti et élus de la majorité reprennent le même refrain en joignant le geste à la parole : « Le bouclier ce n'est que 500 millions d'euros, nous parlons de milliards de déficit, le problème n'est pas là, voyons ! »

De toute façon, à l'époque, ceux qui posent la question du bouclier fiscal ne le font pas directement auprès de Nicolas Sarkozy. Même lorsqu'il invite les députés à l'Élysée, ils ne disent rien. La réception commence par un long discours du chef de l'État, qui ne verse pas dans l'autocritique, mais plutôt dans la démonstration imparable de la justesse de ses décisions. Certains de ces députés de base, peu connus mais reçus à l'Élysée, l'admettent en privé. Quand l'occasion s'est présentée, ils ont manqué de cran. Lorsque le chef de l'État, à la fin d'une longue intervention satisfaite d'au moins une heure, a demandé si quelqu'un avait quelque chose à dire, ils n'ont pas osé lever la main, ignorer le silence et les regards, et affirmer : « J'ai quelque chose à dire et je ne suis pas d'accord, tout va mal… » Ils s'en veulent après coup. Sous le sceau de l'anonymat, ils confient leurs griefs à quelques journalistes qui les répercutent. Mais Nicolas Sarkozy ne croit pas ce que retransmet la presse. Il est persuadé que les journalistes inventent, ou exagèrent les critiques venues de ses rangs.

Georges Pompidou avait conservé le lien avec ses amis professeurs avec lesquels il tenait des discussions à bâtons rompus. Ils lui parlaient comme à un ami, un confrère, en toute franchise.

François Mitterrand avait ses réseaux, son enracinement local. Dans le Morvan, malgré la distance respectueuse qu'il entretenait savamment, il savait aussi entendre les récriminations. La cellule créée par Jacques Attali, installée près de lui au début du premier septennat, le tenait au courant de l'évolution des opinions dans la société, y compris au sein de la jeunesse, via le maillage de SOS Racisme.

Jacques Chirac encourageait ses collaborateurs à critiquer sa façon de gouverner. Il avait ses visiteurs du dimanche. Pierre Mazeaud ou Jean-Louis Debré ne se sont jamais privés de s'adresser durement au chef de l'État. Et puis le vainqueur d'Édouard Balladur savait qu'il pouvait compter sur ses anciens rivaux RPR pour lui faire connaître ses erreurs.

Pas de ça autour de Nicolas Sarkozy. Plus il est contrarié, et moins il supporte la contradiction. Quand éclate l'affaire Woerth – qui suggère un conflit d'intérêt entre la fonction du ministre du budget, celle de son épouse gestionnaire de la fortune de Liliane Bettencourt, elle-même contributrice financière de l'UMP dont Éric Woerth est également le trésorier collecteur de fonds – Nicolas Sarkozy fait la sourde oreille. Il se braque et construit son argumentation sur la base d'un complot politico-médiatique organisé par le patron du site Médiapart Edwy Plenel. Personne ne parvient à lui faire prendre conscience de l'aspect symbolique et ravageur de ce dossier dans l'opinion. Personne ne le peut car personne n'ose décoder le dossier sous cet angle en sa présence.

Pourquoi les politiques de sa propre famille n'osent-ils pas parler franchement à Nicolas Sarkozy ?

Certainement pas parce qu'ils sont convaincus que Nicolas Sarkozy a toujours raison.

À cette question, une même réponse fuse assez vite parmi les ministres ou les parlementaires pour expliquer le silence de leurs collègues: « Parce qu'ils ont la trouille ! »

Le fils

« La France est à la fois un pays royaliste et régicide. C'est un pays qui a besoin de s'en prendre aux symboles. » Il le sait bien, la phrase est de lui. Alors comment Nicolas Sarkozy, président de la République, n'a-t-il pas vu venir l'affaire de l'EPAD ?

À la décharge du chef de l'État, personne ne connaissait la signification de ce sigle ni même son existence avant que Jean, son fils cadet, n'envisage d'en prendre la présidence à l'automne 2009. Même le décryptage de ces initiales ne permet pas d'envisager le retentissement planétaire de cette affaire. L'EPAD ou Établissement public d'aménagement de la Défense n'a jamais fait parler de lui.

Mais voilà, la Défense, c'est le Manhattan français. C'est ici que sont regroupés les plus hauts immeubles de bureaux de France. Des mètres carrés extensibles de surcroît, puisqu'il suffit d'augmenter le droit à construire pour multiplier le nombre d'étages de ces tours. De là à imaginer un trésor immobilier sans limites, il n'y a qu'un pas, vite franchi par les commentateurs et autres blogueurs qui nourrissent les fantasmes les plus fous, et les mieux crus, sur les turpitudes de la classe politique. La Défense devient une fantastique poule aux œufs d'or que le fils du chef de l'État se chargerait de mettre définitivement au chaud pour la dynastie Sarkozy.

Car derrière le fils se cacheraient les parrains de Jean, le couple Balkany, des amis de Nicolas Sarkozy. Patrick Balkany et Nicolas Sarkozy se sont connus durant leurs jeunes années. Tous les deux sont des fils d'immigrés, qui n'en idéalisent que plus fort leur vision de la France. Ils ont décidé très jeunes de séduire leur pays par leur énergie et leur puissance politique. Comme Patrick et Isabelle, Nicolas et Cécilia ne vivent que pour la politique. C'est l'homme qui mène la partie visible du combat, mais l'épouse est son alliée omniprésente.

Patrick Balkany a arraché la mairie de Levallois à un communiste en 1983, en lisière du fief de Neuilly. Il s'est aussi illustré par sa condamnation pour avoir utilisé des employés municipaux dans ses résidences privées. Depuis, l'homme apparaît comme sulfureux. Son épouse est tout aussi hors normes dans le monde politique. Elle lui a pardonné une infidélité dont la presse s'est délectée, avec franchise et dans un langage assez peu sophistiqué mais d'autant plus convaincant. Le couple est en opposition permanente avec le successeur de Nicolas Sarkozy à la tête du département, Patrick Devedjian.

D'origine arménienne, fin lettré, il a lui aussi fait ses classes politiques au RPR dans les Hauts-de-Seine, à Antony, en même temps que Nicolas Sarkozy et Patrick Balkany. Mais, arrivé à la tête du département, au grand dam des Balkany qui briguaient la place, Patrick Devedjian a parlé de « nettoyer les écuries d'Augias ». L'ancien avocat de Jacques Chirac connaît le prix à payer des affaires, du soupçon, de la mauvaise réputation. Or, le département des Hauts-de-Seine, ancien bastion de Charles Pasqua, a bien mauvaise réputation. Patrick Devedjian veut changer cela, mais sur sa route il y a les Balkany, et leur protégé, Jean Sarkozy.

Grâce à leur soutien, le jeune conseiller général a déjà conquis la présidence du groupe UMP du département. Opération rondement menée, au nez et à la barbe de Patrick Devedjian.

D'abord tenté par une carrière artistique, en tant que comédien, Jean Sarkozy s'est finalement tourné vers la politique, comme papa. Autant son frère aîné, Pierre, a persévéré dans la voie de la création en se spécialisant dans le rap, tout en cultivant la discrétion par rapport à son père, autant le cadet assume sa filiation. La presse, qui est bien celle d'un pays royaliste dans l'âme, s'extasie et se pâme devant la réussite et le talent du fidèle rejeton du chef de l'État, qui a réalisé le tour de force de se faire élire, en s'appelant Sarkozy, dans un fief sarkozyste, et sans affronter la moindre concurrence interne. Son ascension est considérée comme irrésistible, puisqu'il est supposé posséder les mêmes chromosomes que son père. Autant dire que la capacité à représenter le peuple est héréditaire. La France adore ce genre de belle histoire ! Après des années de séparations ou d'incompréhension, le fils retrouve son père, et reprend le flambeau, qui est encore plus beau s'il ressemble à un sceptre.

Car il s'agit bien de retrouvailles. Nicolas Sarkozy a quitté la mère de ses deux fils quand ses bambins étaient encore, ou à peine, à la maternelle. Lui qui en avait tant voulu à son père est tombé dans le même travers. Certains de ses amis l'assurent, la rupture a été « extrêmement douloureuse ». Même s'il rejoignait Cécilia, il s'en voulait de reproduire un divorce dont lui-même avait tant pâti. Il en conçoit « encore aujourd'hui un grand sentiment de culpabilité ». D'autant plus que, comme souvent en pareil cas, les relations des fils avec la belle-mère ne sont pas excellentes. Aujourd'hui Nicolas Sarkozy se rattraperait donc en « n'osant pas dire non à son fils », selon l'un de ses fidèles.

De tous les acteurs de cette candidature, aucun n'imaginait le tollé qu'elle allait soulever. Le poste de président du conseil d'administration n'est pas rémunéré. L'EPAD est une structure inconnue. Qu'elle ait été tenue par un politique ou un administratif, la fonction n'a jamais alimenté de gros papiers dans la presse. Les décisions de l'EPAD ne donnent pas le sentiment d'intéresser quiconque. Alors si Jean, qui ne sait trop comment orienter sa vie professionnelle, semble s'épanouir en politique, pourquoi pas ? La presse ne lui est pas hostile, au contraire. Pourquoi se compliquer la vie quand elle semble si simple ? Hervé Marseille, conseiller général Nouveau Centre, qui a été nommé au Conseil économique et social par l'Élysée, démissionne et laisse un siège vacant auquel Jean sera désigné. Pour la présidence, il devrait tranquillement être élu par les administrateurs, et succéder à Patrick Devedjian. Atteint par la limite d'âge, celui-ci doit laisser la place.

Tout devait donc se dérouler comme sur des roulettes. Sauf que, cette fois-ci, la presse ne suit pas, l'opposition déclenche un sacré tohu-bohu.

Jean Sarkozy n'a que vingt-trois ans et, pour tout diplôme, une deuxième année de droit même pas validée. Certes, ses amis défendent qu'il bénéficie de la « légitimité de l'élu. Il a reçu l'onction du suffrage universel. » Mais la gauche se souvient que cette onction n'a pas été la plus difficile à obtenir. Quelques mois plus tôt, les mêmes arguments étaient inaudibles. Cette fois, ils semblent frappés au coin du bon sens. L'irrésistible ascension devient un peu trop facile. Les gènes de l'ambition sont peut-être héréditaires, mais il faut aussi en passer par la confrontation rugueuse avec la polémique politique. Les médias suivent attentivement ce feuilleton. Et le profil du grand garçon tout simple, qui veut simplement aller encore plus vite que son père alors qu'il n'a aucun diplôme en relation avec les sommes importantes que symbolise l'EPAD, cela commence à être excessif.

Le contexte a changé. Lors de l'élection de Jean comme conseiller général, en mars 2008, ses électeurs espéraient encore que l'énergie de Nicolas Sarkozy lui permettrait de tenir ses promesses, notamment en matière d'emploi et de pouvoir d'achat. Ce n'était que le tout début du reflux. Le président d'ailleurs refusait de le voir.

À l'automne suivant, en 2009, la donne est différente. Les déçus de Nicolas Sarkozy n'y croient plus. Le chef de l'État lui-même a dû reconnaître que la crise était là, et qu'elle marquerait leur vie de son empreinte cruelle. Lors d'un discours au ton très dramatique à Toulon, le 25 septembre, Nicolas Sarkozy a admis que la peur était la « principale menace qui pèse aujourd'hui sur l'économie ». Pour conjurer cette peur, prégnante dans la vie des Français, Nicolas Sarkozy leur tient un langage de vérité. À sa façon, comme Winston Churchill devenant Premier ministre britannique en mai 1940, il leur promet « de la peine, de la sueur, du sang et des larmes ». Dans la bouche de Nicolas Sarkozy, ce jour-là, c'est cette phrase: « Dire la vérité aux Français, c'est leur dire que la crise aura des conséquences dans les mois qui viennent sur la croissance, sur le chômage, sur le pouvoir d'achat. » C'est un tournant dans le quinquennat, même s'il n'est pas décrit comme un reniement, puisque Nicolas Sarkozy ne parle que des prochains mois. Mais en réalité il tourne la page des promesses de campagne: à cause de la crise, la croissance ne sera pas aussi forte que prévu, le chômage ne va pas reculer, le pouvoir d'achat ne va pas augmenter.

Les Français en ont-ils le pressentiment ou la prescience ? Le pays va connaître la récession, le chômage va augmenter, leur pouvoir d'achat, reculer. Tout l'inverse de ce que promettait le candidat.

Et voilà qu'il prétend tranquillement installer son fils sur un tas d'or. Bien sûr, ce n'est pas cela, l'EPAD. Mais pour ce pays « royaliste et régicide, qui a besoin de s'en prendre aux symboles », voilà ce que représente Jean Sarkozy ! Il est le fils d'un président qui croit assurer, tranquillement mais richement, l'avenir de sa progéniture sans expérience. Chaque Français connaît dans sa famille, ou son entourage proche, le cas d'un jeune étudiant brillant, que ses parents ont encouragé à poursuivre de coûteuses études, quel que soit l'effort qu'ils ont dû fournir pour cela, et qui le voient sans emploi à bac +5, envoyer des CV sans retour. Non ! Ça, ça ne passe pas ! Au pays de la Révolution, on ne donne pas de la brioche aux enfants du monarque quand ceux du peuple rongent du pain ! Mais pour qui il se prend, Sarko, pour le pape ? Un mot résume ce sentiment diffus d'un pouvoir qui se croit tout permis au profit des siens : népotisme.

Nicolas Sarkozy se renferme. Il connaît toutes ces accusations. Il ne cédera pas. L'hypermnésique recense tous les éléments à charge. Il classe son puzzle sous l'emprise d'un parfum de paranoïa. Car sa réflexion le conduit à une conclusion : « Ce n'est pas mon fils qui est visé, c'est moi. »

L'ambition de Jean Sarkozy, son ascension sont jugées trop rapides, car elles rappellent celles de son père. Comme lui, son fils essuie la jalousie des envieux ! Personne n'aurait parlé de cette candidature si le prétendant ne s'appelait Sarkozy. Et ceux qui sont à l'œuvre sont bien ses ennemis de toujours : « ceux qui ne se sont jamais faits à son élection », dont il fustige la mauvaise foi et la méchanceté. Son fils est compétent puisque lui-même, son père, a été impressionné par sa ténacité face aux attaques politiques. « Il travaille énormément ! » lance le père meurtri. Et comme à son habitude, Nicolas Sarkozy retourne l'argument. Jean Sarkozy est attaqué à cause de son nom. C'est une injustice ! On accuse son fils de bénéficier d'un privilège. Mais son fils n'a pas moins de droits que les autres. Et pourquoi n'aurait-il pas le droit de se présenter à une élection ? Sans doute le père veut-il aussi exercer son rôle protecteur vis-à-vis d'un fils auquel il a sans doute manqué, de la même façon que son père a manqué à Nicolas Sarkozy. Peut-être se souvient-il alors de la phrase dont Pàl Sarkozy l'a giflé : « Avec le nom que tu portes et les résultats que tu obtiens, jamais tu ne réussiras en France. » Si ! Son fils, qui porte son nom, réussira ! Nicolas Sarkozy est exaspéré. Sa colère explose lors des réunions internes à l'Élysée. Et ses porte-parole prennent leur bâton de pèlerin et la diffusent dans les médias. Henri Guaino défend que Jean Sarkozy est « un homme politique comme les autres ». Le Premier ministre, François Fillon, qu'il s'agit d'une « élection » à la tête de l'EPAD, d'une « compétition », et pas d'une nomination.

À l'Assemblée, de retour de leur circonscription, les députés UMP s'affolent : « Il ne peut pas le laisser faire ça ! Son fils est peut-être brillant, mais il peut attendre un peu ! Comment ne comprend-il pas ? » De semaine en semaine, l'affolement devient panique. Des accusations contre le président tenues sur le ton de la confidence, hors micro, on passe aux déclarations face à la caméra. C'est toute la majorité qui est menacée par l'obstination de Nicolas Sarkozy. L'électorat de l'UMP est choqué, prêt à lâcher.

Le dimanche 18 octobre, David Douillet est élu député UMP dans les Yvelines. L'opposition a pourtant fait ses gorges chaudes de l'affaire de l'EPAD. Le lundi matin, lors du petit déjeuner de la majorité, Nicolas Sarkozy jubile.

Ça ne va donc pas aussi mal que le prétendaient ses détracteurs, puisque David Douillet est élu avec un score bien supérieur à ce que prédisaient les cassandres. Le tour d'horizon présidentiel de l'actualité se poursuit. Nicolas Sarkozy fustige ceux qui perdent leur sang-froid. Et défend une nouvelle fois son fils, jeté en pâture à l'opinion, et dont la seule « faute » est de porter son nom. Les participants ne sont pas convaincus. Mais personne ne pipe mot. « C'est très difficile de lui parler de sa famille, de critiquer sa famille... » justifie l'un d'eux.

Pourtant Jean Sarkozy va renoncer.

Ce qui aurait amené Nicolas Sarkozy à revoir son jugement, et ses conseils à son fils, relayés par quelques éminents conseillers élyséens, tiendrait à un petit indice, plus significatif à ses yeux que les longs articles de la presse française et internationale. Car Jean Sarkozy a eu droit à des articles dans des journaux anglais, italiens, allemands, espagnols, américains, australiens et même chinois. Et c'est quand il a vu l'ampleur de la liste de tous ces journalistes qui prétendent assister à la réunion du conseil d'administration de l'EPAD que Nicolas Sarkozy aurait compris qu'il fallait reculer.

C'est la version semi-officielle glissée à l'oreille des journalistes par ceux qui sont supposés connaître tous les secrets de l'EPAD. L'information est impossible à vérifier. Elle est un tout petit peu trop jolie pour être définitivement achetable. Car elle présente un avantage indéniable du point de vue du locataire de l'Élysée. Nicolas Sarkozy ne se serait pas bêtement déterminé en fonction de vulgaires sondages, c'est son sixième sens politique qui aurait détecté le présage de catastrophe politique. Une lucidité subtile qui peut encore être portée à son crédit. Il est vrai que l'image d'un chef de l'État enfermé en son château, persuadé d'être victime d'un complot ourdi par ses éternels adversaires, auquel personne n'ose décrire la réalité politique, et ne retrouvant sa clairvoyance que par l'insistance des sondages, cette image-là serait beaucoup moins flatteuse. Le président de la République serait devenu le reclus de l'Élysée. Sourd au bruit du peuple, n'en ayant pour toute connaissance que le pâle reflet des enquêtes d'opinion. Où serait passé Sarko, le candidat de la rupture ?

L'abandonné

Le monde s'est de nouveau écroulé.

Presque quarante-cinq ans après celui de ses parents, c'est son couple qui vole en éclats. Cécilia s'en va. Cécilia s'en va avec un autre.

Elle disait que la politique est « un métier noble, mais tellement dur, que c'est mieux d'être à deux ». C'est vrai. C'était tellement bien d'être deux. Mais c'est fini, il est tout seul. Cécilia est partie.

Et tout le monde le sait.

Parce qu'il en est malade, une affreuse crise migraineuse, il a dû décommander une interview télévisée. Cela ne lui ressemble pas. Pour la discrétion, c'est raté. Impossible de maîtriser une telle information. Son malheur fait le tour du microcosme politique, et une journaliste de France Inter lâche le morceau. Oh, pas en s'adonnant aux délices du commérage. L'information est encore, un peu, allusive pour expliquer que, si le président de l'UMP perd sa moitié, c'est une donnée politique nouvelle. L'absence de Cécilia dans le dispositif constitue un manque, un handicap pour le futur candidat à la présidentielle de 2007.

Si les journalistes politiques supputent – et n'ont pas fini de le faire – sur l'attitude de l'épouse du futur président de la République, ce n'est pas pour le plaisir de lancer des ragots. Les dîners en ville leur suffisent. Bien sûr, il y a la pression de la presse plus people, qui est moins complexée. Mais, surtout, il y a les chiffres de vente qui augmentent. Les malheurs du couple Sarkozy font vendre du papier, c'est un fait. Mais si la presse politique se passionne à ce point pour cette séparation, c'est que Cécilia est une figure tout à fait originale, mais bien présente, et déterminante, dans la construction de la sphère sarkozyste.

L'aventure est connue comme un classique de l'épopée sarkozyenne. En août 1984, le maire de Neuilly tombe raide dingue de la jeune femme qu'il est chargé d'unir à la star de la télévision Jacques Martin. Cécilia est enceinte de huit mois de sa fille aînée. Nicolas Sarkozy est déjà marié à Marie, une jeune femme d'origine corse. Les deux couples deviennent amis. L'année suivante, Marie accouche de son premier fils, Pierre. Jean naît en 1986. La seconde fille de Cécilia naît en 1987. Au printemps de l'année suivante, selon le récit de Catherine Nay, Marie découvre son infortune. De caractère entier, Cécilia quitte Jacques Martin quelques mois plus tard. Nicolas Sarkozy a beaucoup plus de mal à assumer la rupture. Il part définitivement en 1989. Cécilia et Nicolas ne se marient que des années plus tard, en 1996, car le divorce de son futur époux est difficile à organiser.

Le temps a été long pour Cécilia. Si la geste sarkozyste la présente comme l'épouse qui depuis toujours veille sur la carrière politique de son mari, elle a longtemps souffert de ne pas avoir eu ce statut légitime. Auprès du maire de Neuilly, elle n'est pas forcément accueillie à bras ouverts. Quand elle le suit pour la première fois à Bercy, en 1993, elle n'est pas encore officiellement Mme Cécilia Sarkozy. Ce n'est qu'à la nomination de Nicolas Sarkozy place Beauvau, en 2002, que la femme du ministre de l'Intérieur devient, et de façon assez spectaculaire, sa moitié politique.

La présidentielle est passée par là. Après plusieurs échecs électoraux, en 1995 et en 1999, Nicolas Sarkozy a opéré un changement de stratégie médiatique. L'échec de son « père en politique », Édouard Balladur, à la présidentielle de 1995 l'a douloureusement atteint. Pour la première fois, ses certitudes politiques sont ébranlées. Il s'est trompé. Non seulement son plan de carrière connaît un sérieux revers, mais son image politique est gravement détériorée. Il était le jeune ambitieux sans complexe, loué pour sa franchise. Il n'avait pas peur de revendiquer son appartenance à son camp et plaidait vigoureusement pour que la droite ait le courage de s'assumer en tant que telle.

Son ambition personnelle était une qualité, sa jeunesse, un gage de vitalité, son impatience, la preuve d'une volonté infaillible. Foin de tout cela après 1995 !

Nicolas Sarkozy est le traître. Le méchant. Un Rastignac ! Un ambitieux sans humanité, que le gentil Chirac a raison de tenir en lisière de l'Élysée. Il n'a été que brièvement rappelé en 1999, après la défection de Philippe Séguin en pleines élections européennes. La tâche est bien ingrate ; il lui est demandé de mener une bataille perdue d'avance, avant d'être renvoyé à son exil, une fois la défaite assumée. Il ne peut même pas briguer la présidence du RPR. Jacques Chirac l'en dissuade, et Nicolas Sarkozy se laisse convaincre. Il a compris que c'était le prix à payer pour sa liberté, une qualité essentielle pour réussir son ascension vers l'Élysée. Lionel Jospin a pu s'inscrire dans la lignée de François Mitterrand en revendiquant un droit d'inventaire. Nicolas Sarkozy ne pourra succéder à Jacques Chirac qu'en ayant acquis sa liberté à droite. Le prix à payer s'appelle une traversée du désert.

Cécilia a suivi ses tourments. Elle-même était prête à jeter l'éponge. Le monde politique est trop dur. Mais elle craignait que son mari ne regrette ce renoncement. Il a finalement choisi de poursuivre sa carrière, sans prendre tout de suite la tête du RPR. Il est pourtant convaincu que cette structure a manqué à Édouard Balladur. Il est impossible de gagner l'élection suprême sans une machine électorale efficace. C'est devenu un principe intangible. Mais il se donne le temps de se libérer de l'emprise à Jacques Chirac. Georges Pompidou a rompu, lui aussi, avec le général de Gaulle avant de lui succéder. Seul un homme libre peut prétendre à l'Élysée.

Nicolas Sarkozy a donné ce titre, *Libre*[1], à son livre paru en janvier 2001. Un ouvrage dans lequel il prend date pour la suite. Il se présente sous un nouveau jour, ambitieux mais humain, ayant appris de l'échec. Il se livre, explique son parcours politique, détaille ses réflexions, martèle ses convictions et parle explicitement de sa relation privée avec sa femme. Dès la deuxième page de l'avant-propos, il déclare combien sa présence lui est plus que jamais indispensable. Plus loin, il assume « l'omniprésence » de son épouse tout au long de ses combats politiques, loue ses conseils et ses avis « d'autant plus indispensables qu'elle prend soin de les prodiguer à froid ». À partir

---

1. Nicolas Sarkozy, *Libre*, Robert Laffont, 2001.

de ce moment, une fois sa liberté revendiquée, et contrairement aux autres hommes politiques discrets sur leur vie privée, Nicolas Sarkozy ne cessera de clamer son bonheur conjugal, l'apport politique et humain de son épouse, et le caractère indispensable de sa présence à ses côtés. C'est une façon d'adoucir son image de Rastignac, mais aussi une conviction personnelle tout autant que politique. Il se présente comme l'homme qui ne cache rien. Ni ses ambitions, ni ses convictions. Il ne pose pas, il s'offre dans toute sa sincérité. L'homme public n'a pas de secrets privés à cacher.

En octobre 2004, dans un article signé par Catherine Pégard, la journaliste du *Point* qui deviendra sa conseillère à l'Élysée en 2007, il revendique cette exposition face à la fausse pudeur de ses homologues : « Ils vous disent : si vous saviez ce que je suis sensible, sympathique, intelligent et cultivé dans la vie privée. Mais alors, qu'ils ne se gênent pas pour le montrer ! » peste-t-il avec provocation. Car Nicolas Sarkozy s'affiche serein, l'esprit apaisé par la maturité politique qu'il veut sienne. « Ma vie est ancrée dans ce que je fais », justifie-t-il comme si la cohérence entre l'être privé et le personnage public abolissait toutes les frontières intimes. « J'ai mis vingt ans à être moi-même dans ma vie publique. J'ai épuré ce que je voulais faire croire. » Tiens donc ? Il a voulu faire croire qu'il était quelqu'un d'autre ?

Pour s'élancer dans la présidentielle de 2007, puisque celle de 2002 appartient au président sortant, Nicolas Sarkozy reste l'homme qui dit franchement son ambition, mais désormais il humanise son parcours, et met sa famille sous les projecteurs. Sa famille, c'est-à-dire Cécilia et leur fils Louis, qui n'a pas encore cinq ans quand ses parents s'installent place Beauvau.

Nicolas Sarkozy est heureux. Il est libre, mais de nouveau Jacques Chirac a eu besoin de lui. Il l'a rappelé pour le faire entrer dans le gouvernement Villepin. Nicolas Sarkozy a bien cru qu'il pourrait être Premier ministre. Il ravale sa déception. Il a même appris cela ! Taire sa blessure d'orgueil pour mieux la panser, et se venger avec la grande victoire qu'il prépare.

Au ministère de l'Intérieur, il bonifie son image. Quand Édouard Balladur était Premier ministre, il était apparu un peu trop marqué par les dossiers économiques. Son domaine était un ministère ultramoderne, mais tout de béton et de grisaille. On parlait de la forteresse de Bercy, son monde était celui des chiffres, des grands patrons et autres industriels si loin des Français moyens. Pour un peu, il aurait fini par passer pour un technocrate ! Heureusement, il y avait sa parole, si peu apparentée à la langue de bois. Ses formules qui semblaient aussi évidentes que deux et deux font quatre. Il avait le don d'appeler un chat un chat qui le faisait, déjà, apprécier de ceux qui ne comprennent rien au jargon des énarques et autres spécialistes des humeurs du CAC 40.

Place Beauvau, Nicolas Sarkozy sait qu'il va changer de registre, s'illustrer dans un domaine plus proche du quotidien et des peurs des Français. La gauche a nié le sentiment d'insécurité de ses électeurs sous prétexte qu'il ne se vérifiait pas dans les statistiques, quelle erreur ! Nicolas Sarkozy va les rassurer, les protéger, les défendre, et surtout les comprendre. Car il vit comme eux. Il est ministre certes, il loge dans un palais de la République, mais il reste un homme comme eux, avec sa femme qu'il aime, et son jeune fils un peu trop polisson. Le bonheur de la famille recomposée ne viendra que plus tard, en 2007. Pour l'instant, nous ne connaissons que Cécilia et Louis. Louis qui se cache sous le bureau de son père. Louis qui fait irruption en pleine interview. C'est presque systématique, d'ailleurs, chaque fois qu'un journaliste a rendez-vous avec le nouveau locataire de la place Beauvau pour lui consacrer un sujet, il raconte la même scène. En plein entretien, Cécilia passe timidement une tête amoureuse, juste le temps d'échanger un geste tendre avec son époux. Quand il s'agit de dresser le portrait de Cécilia, c'est son ministre de mari qui vient, sur la pointe des pieds, dire son admiration pour la « patronne », puisque le surnom de sa moitié fait le tour des rédactions.

Nicolas Sarkozy aura beau jeu, par la suite, d'accuser la presse de se mêler de sa vie privée, c'est bien lui qui l'y a encouragée. Il est vrai qu'il s'agissait d'afficher un bonheur familial en forme d'argument politique. On était proche des Clinton: on en aurait deux pour le prix d'un ! Même si la référence au couple Kennedy était plus explicite. Jackie était une icône auprès de John. Même si elle aime alors se définir comme une femme politique, Cécilia n'est pas Hillary, mais une femme aimante, toujours près de son mari, un pas derrière.

Petit à petit pourtant, elle a pris goût à ces batailles. À force d'être médiatisée comme une forte personnalité au sens politique avisé, elle a envie d'exister par elle-même. Elle parle de se présenter aux régionales, ou à la mairie de Neuilly. Nicolas Sarkozy ne voit pas bien l'intérêt politique que cela peut représenter. Cécilia restera à ses côtés.

En mai 2005, voilà donc Cécilia partie, et c'est un fait politique. La presse s'en empare. Car le rôle influent de Cécilia était connu. Elle n'était pas qu'une jolie présence sur papier glacé. « Elle a une lecture des gens que je n'ai pas », confiait son époux. « Sa présence m'est indispensable, elle m'apaise », répétait-il sans se lasser. Quand il organise une conférence de presse, place Beauvau, histoire d'établir une comparaison avec Jacques Chirac – qui à quelques pas de là, à l'Élysée, ne daigne jamais se soumettre aux questions des journalistes de politique intérieure française –, une haute silhouette se détache, seule à se tenir debout, alors que toute l'assistance est assise. C'est Cécilia, nonchalamment adossée au mur mais l'œil aux aguets, qui supervise la mise en scène, discrètement ! On ne voit qu'elle, mais il faut bien comprendre qu'elle déteste être sous les projecteurs. Cécilia est une héroïne de films muets. Elle prend des poses, qui expriment parfaitement l'amour conjugal et le soutien professionnel de l'associée, mais ce sont les légendes des photos qui explicitent sa pensée.

Cependant, cette influence n'est pas qu'une figure de style pour les magazines. L'emprise de Cécilia est réelle. Place Beauvau, elle est de toutes les réunions stratégiques. Et, à l'époque, les fidèles du futur chef de l'État ne s'en plaignent pas. Les décisions sont discutées en présence de tous les conseillers. Claude Guéant, Laurent Solly, Franck Louvrier, Frédéric Lefebvre, Pierre Charon, Brice Hortefeux, chacun met ses arguments sur la table. Il n'y a pas de rivalités entre conseillers. Cécilia écoute. Nicolas Sarkozy réfléchit tout haut. Si le téléphone sonne pour un appel essentiel, comme le président de la République Jacques Chirac, tous quittent la pièce. Sauf une, Cécilia, qui suit la conversation de bout en bout. À la fin de ces briefings collectifs, c'est avec elle que Nicolas Sarkozy en rediscute, le soir, la journée finie. C'est elle qui peut, « à froid », faire pencher la balance. Brice Hortefeux, le plus ancien collaborateur de Nicolas Sarkozy, en éprouve bien quelque agacement, mais il a vite compris qu'il lui faut en prendre son parti. « Avec elle, disent-ils encore aujourd'hui, Nicolas parlait et vivait pour la politique vingt-quatre heures sur vingt-quatre ! » C'était son « *sparring-partner* », regrette l'un. La seule personne qui pouvait le contredire avec aplomb, sans qu'il se braque. Celle aussi qui le ramène dans le quotidien de la vie, l'aide à humaniser son approche dans ce ministère où les victimes de faits divers sont invitées à venir se raconter auprès du ministre et de son épouse. Lui, l'impulsif, l'impatient, le volubile extraverti, elle, la timide, l'introvertie, le corrige, arrondit les angles, l'oblige à se maîtriser, à prendre le temps. Il sait bien que si elle lui est « indispensable », c'est pour une question d'« équilibre politique », la plupart de ses proches en conviennent.

Alors quand elle part, Nicolas Sarkozy perd l'équilibre. Mais cette sensation de ne plus savoir marcher, cette peur de devoir avancer sur un pied, il la connaît. Il l'avait vécue avec sa mère. « Plus c'est difficile, plus c'est stimulant. » « C'est seulement si l'on s'écoute que l'on ne va pas. » C'est difficile, oui ! Ses adversaires l'attendent au tournant. Ils pensent qu'il va flancher, renoncer. Ce sont eux qui ont divulgué le départ de Cécilia. Il en est convaincu. Ils pensent qu'il est à terre, et pour longtemps. Eh bien, non ! Comme l'enfant qui se battait pour conjurer sa peur. Comme le cadet qui continuait de défier son aîné, rouste après rouste, il va se battre. Se battre pour faire revenir Cécilia. Se battre pour gagner la présidentielle. Gagner la présidentielle pour reconquérir Cécilia.

Le malentendu

C'est le soir du premier tour de la présidentielle. Au premier étage du QG de campagne
rue d'Enghien, l'ambiance est à la fête, en appa-
rence. Contrairement à ce qui se passera lors du
second tour, Cécilia est là. Elle a même invité
des amies. Des femmes pas forcément branchées
sur la chose publique. Elles croisent le regard
interrogatif de grands requins politiques qui se
demandent qui sont ces invitées qu'ils croisent
au premier étage, dans le saint des saints, si près
du futur président de la République.

Ce mélange des genres préfigure une république
nouvelle. Tellement moins compassée, tellement
moins guindée que dans les années Mitterrand ou
Chirac. Tellement plus glamour, au sens « Kennedy » du terme. Les invités n'osent pas trop y

penser. Pas trop haut en tout cas. Chacun rêve à son propre avenir.

Mais il ne faut pas mettre la charrue avant les bœufs. Ce sont les électeurs qui décident. Par superstition ou expérience politique, on garde ses rêves pour soi. Or Nicolas Sarkozy n'est pas apaisé. Il ne rêve même pas. Loin de là.

Pourtant, il a réussi un coup de maître. Avec plus de 31 % des suffrages, il dépasse aisément la barre des 30 % que Jacques Chirac n'est jamais parvenu à tutoyer. L'ancien président de la République n'a jamais atteint 21 % au premier tour de la présidentielle. Si le second tour n'est pas écrit d'avance pour Nicolas Sarkozy, il part largement favori. Cependant, son bonheur n'est pas complet.

Il ne pense qu'à Cécilia. Et soudain, leur verre de champagne à la main, les invités se figent. Nicolas Sarkozy explose: « Elle ne m'aime plus ! Elle ne m'aime plus ! » Il rugit, il enrage.

Étrange scène, que les témoins n'oublieront jamais. Tellement inattendue en ce lieu, en ce jour. Ils savent ce qui se dit dans les dîners en ville. Cécilia est revenue, mais elle a changé. Elle a le regard encore plus fixe. Comme absente. Elle organise la campagne, elle est très présente. Elle souhaite la victoire de son époux, mais il manque quelque chose. Une flamme. Une étincelle.

« Elle ne m'aime plus ! » C'est un cri. De la rage, du désespoir. Il a mal.

Nicolas Sarkozy va accéder à ce qu'il a le plus souhaité au monde, mais perdre celle qu'il aimait le plus au monde. Lui qui se disait apaisé, en parvenant à être le même en privé et en public, voit son âme se scinder en deux parties divergentes. L'une est au paroxysme de la réussite. L'autre, au paroxysme de l'échec.

Elle fait ce qu'elle peut, pourtant, Cécilia. Elle a organisé la fête du second tour. Avant que le vainqueur se donne à la liesse populaire, elle a prévu un petit détour par le Fouquet's où attendent quelques généreux amis qui ont soutenu Nicolas Sarkozy. Il doit passer les saluer avant de rejoindre la fête place de la Concorde. Cela ne doit être qu'un bref salut, un geste de reconnaissance supposé discret. Il ne le sera pas. Pire, il signera le premier malentendu d'un quinquennat qui, dès les premières minutes, part du mauvais pied. Cécilia n'a pas voté. Elle ne vient pas au Fouquet's. Sur la photo de la victoire, quand Nicolas Sarkozy découvre l'image officielle de son élection à 20 heures, elle n'est pas là. Ils sont tous rayonnants, ils exultent, le regard brillant braqué sur l'écran de télévision. Du bras droit, Nicolas Sarkozy fait l'accolade à ses deux fils aînés. Louis, le plus petit, est juste devant ses frères. À la gauche de Nicolas Sarkozy, les deux filles de Cécilia, enlacées et réjouies elles aussi. Mais pas trace de leur mère. On l'attend. On se relaie au téléphone pour la convaincre. Le temps passe. Le temps presse.

Cela finit par ressembler au conclave des *happy few*. Le nouveau président de la République semble retranché avec quelques privilégiés, comme s'il voulait ignorer la foule. Comme s'il lui répugnait de se mêler à cette fête populaire qui lui est dédiée. Non, il espère son épouse. Devant son téléviseur, la France qui souffre, celle qui se lève tôt, ne le sait pas. Premier malentendu. Premier soupçon. Première esquisse de déception. Déjà ? Il n'est même pas officiellement investi que, déjà, le pouvoir l'a changé ?

Cécilia finira par arriver. Elle monte à la tribune. Elle a l'air hagard. Quelques jours après, elle tente de se rattraper. L'investiture à l'Élysée sera parfaite. Cette fois-ci, on affichera le bonheur d'une grande famille recomposée. Le ministre de l'Intérieur avait un fils, le président de la République réunit ses cinq enfants. La mise en scène est glamour à souhait. Pour un peu, on se croirait au festival de Cannes. Sur le tapis rouge, les acteurs d'un film intitulé « Les Kennedy français à l'Élysée » prennent la pose devant les photographes. Ils sont tout aussi photogéniques et apprêtés que les stars de la Croisette. Et, comme pour l'ouverture du festival de cinéma, les commentateurs délivrent leur savoir, aimablement alimenté par les services de presse, sur les toilettes de créateurs portées par ces dames.

Il y a bien un geste, en direct à la télévision, qui chagrine un peu. Il n'est pas raccord, comme on dirait au cinéma. Quand le chef de l'État touche la joue de sa femme, comme pour la remercier d'un geste tendre, elle semble détourner le visage, en baissant la tête. Mais la presse est bonne fille, elle veut croire qu'il s'agit d'une larme d'émotion, de bonheur, que le mari dévoué essuie sur la joue de son épouse pudique.

Par pudeur ? Pour respecter sa vie privée que le chef de l'État veut désormais préserver ? Parce que l'Élysée s'efforce de donner le change ? Par manque de courage, accusent certains. En tout cas, personne ne fait le récit de la vie, ou non-vie, de ce couple à l'Élysée. Pourtant les rumeurs du départ de Cécilia échauffent régulièrement les rédactions. Mais elle est aussi tellement présente dans la composition du cabinet, du gouvernement même, qu'il est difficile de démêler le vrai du faux.

L'accession de Nicolas Sarkozy à l'Élysée ne correspond pas à son rêve intime. « Je reste convaincu, écrivait-il dans *Libre*, que réussir sa vie, c'est d'abord réussir sa famille. C'est sans doute la plus belle ambition, le plus grand rêve que l'on peut souhaiter à chaque jeune. » Sa plus belle ambition, son plus grand rêve est en train de s'effondrer. Lui qui avait dédié sa vie à son appétit politique, épaulé par son épouse, se rend compte que le pouvoir ne le comble pas autant qu'il l'imaginait. Il le pressentait.

En février 2007, le candidat avait accepté de recevoir le philosophe Michel Onfray, pour un débat publié en avril par la revue *Philosophie Magazine*. En pleine campagne électorale, la publication soulève une spectaculaire polémique car Nicolas Sarkozy y déclare que pour sa part, il inclinerait à penser que l'on naît pédophile. Le reste de l'article est pourtant très intéressant. Il est révélateur de l'évolution de la personnalité de Nicolas Sarkozy.

Il y livre des réflexions sur lui-même avec une franchise inattendue: « Il y a plus de bonheur à désirer qu'à posséder. Ce qu'on obtient est forcément moins fort que ce qu'on rêve. Pendant longtemps j'ai vu la politique comme une façon de vivre, de combattre, de défendre des idées. J'arrive aujourd'hui au moment où je suis le plus proche du but que je m'étais fixé naïvement. [...] Paradoxalement, j'ai moins de bonheur à faire de la politique aujourd'hui que j'ai pu en avoir par le passé: j'en suis le premier étonné. »

Voilà un homme qui va bientôt accéder à la plus haute responsabilité d'un pays de soixante millions d'habitants et qui fait cet aveu: le pouvoir ne fait pas le bonheur.

Pourquoi donc voulait-il tant le pouvoir ? Pourquoi y avoir consacré autant de temps et d'énergie ? Quel était le sens de cet accomplissement ? Pourquoi voulait-il faire de la politique et être élu ?

« Pour être le premier. Pour être le plus fort », répondent en chœur ses amis, et tous ceux qui pensent le connaître. Travailler dur, pour être le premier. Et Nicolas Sarkozy d'avouer qu'il s'est longtemps consacré uniquement au travail. « Le nec plus ultra », selon lui en ces temps révolus, « c'était de ne jamais partir en vacances. » Aveu encore plus intime: « Comme je me suis souvent senti illégitime, pour des raisons que je n'explique pas, mais qui tiennent à mon histoire, je travaillais plus que les autres. C'était une façon de légitimer tout ce qui m'arrivait: maire à vingt-huit ans, ministre à trente-huit. Finalement, je me suis rendu compte que cet effort et cette application permanente ne suffisaient pas. J'ai découvert la part d'humanité qui me manquait, qui était sous-jacente. J'ai traversé des épreuves et à chaque fois, j'ai découvert en moi des forces, un ressort que je ne soupçonnais pas. »

Voici donc l'état d'esprit du nouveau président de la République, quelques semaines avant son installation à l'Élysée.

D'un côté, sa réussite familiale, celle qui est essentielle, lui glisse entre les doigts comme du sable. De l'autre, il se rend compte que l'accomplissement par la politique est un peu vain. Mais il s'étonne de résister aussi bien à ces épreuves.

Alors, comme toujours, il se bat, pour tenter de garder Cécilia. Plusieurs de ses proches en conviennent, il croyait que le rôle de première dame la ferait rester. Elle a pourtant déclaré que cette fonction « la rase ». Nicolas Sarkozy va donc s'efforcer de lui définir un rôle sur mesure.

Hier, il lui avait refusé un mandat électif ; aujourd'hui, il lui offre un rôle de diplomate internationale. C'est elle qui incarne la libération des infirmières bulgares retenues dans les geôles de Mouammar Kadhafi. Avec l'aide du fidèle Claude Guéant, le secrétaire général de l'Élysée. Le médiatique ministre d'ouverture Bernard Kouchner peut ronger son frein. La secrétaire d'État aux Droits de l'homme, Rama Yade, a eu beau protester contre la réception des plus affable du leader libyen par Paris, Cécilia joue au James Bond féminin. Avec une efficacité certaine puisque les six infirmières sont libérées par ses soins.

Mais de cette volonté d'inventer un statut officiel et actif à l'épouse du président naît le grand malentendu, qui poursuit encore Nicolas Sarkozy. Les Français attendaient un président qui mette son énergie légendaire au service de ses promesses de candidat. Ils attendaient un président qui travaille, décide, agisse, et leur montre qu'« ensemble, tout devient possible ». Et ce n'est pas cela qu'ils découvrent.

À peine arrivé à l'Élysée, Nicolas Sarkozy s'affiche bling-bling. De cela, les Français n'étaient pas prévenus. Ils ne savaient même pas ce que cela voulait dire.

Il était pourtant le maire de Neuilly, ville où le confort luxueux n'est pas un vain mot. Président du conseil général des Hauts-de-Seine, le département le plus riche de France. Mais son train de vie n'avait jamais constitué un angle d'attaque contre lui. Certes, il avait été l'homme de confiance du très distingué Édouard Balladur, moqué pour ses élégantes chaussettes rouges et caricaturé en chaise à porteurs. Certes, Nicolas Sarkozy fréquentait de grands patrons. Mais jamais, même par ses plus cruels détracteurs, il n'avait été décrié pour son goût du luxe ou du tape-à-l'œil. Son comportement n'était pas plus bourgeois que celui de la moyenne des hommes politiques. Il passait ses (courtes) vacances à La Baule ou au Pyla. Non pas à jouer au golf ou au tennis. Sa passion, le vélo, était bien plus populaire ! Le bling-bling n'a surgi qu'à l'Élysée.

Ce comportement de nouveau riche, aimant ce qui brille aux dépens du bon goût, alliant l'argent aux mauvaises manières, tout cela n'est apparu qu'après l'élection. C'est cette concomitance qui a fait des dégâts. C'est comme si une véritable nature se dévoilait.

L'homme que l'on croyait proche du Français moyen avait caché son jeu !

Neuilly, qui n'était qu'un fief de droite, devient un ghetto de riches. Celui qui parlait la même langue que ceux qui ne vont au restaurant que pour les grandes occasions ne dîne qu'à des tables prestigieuses connues des seuls privilégiés. À peine élu, il envisage bien quelques jours de retraite dans un monastère, pour se pénétrer de la lourde tâche qui l'attend. L'hyperactif prêt à méditer et à canaliser son énergie avant d'assumer sa fonction, voilà qui collait encore à l'image du candidat de la « France qui souffre ». Mais las ! Nicolas Sarkozy échoue sur un yacht de luxe prêté par un ami non moins riche. Ce n'est pas tant le luxe qui surprend, après tout l'Élysée est un palais tout de dorures ; ce qui étonne, c'est ce brusque changement de style. Nicolas Sarkozy, qui jusque-là passait ses vacances en France, et même pas sur la Riviera, part à l'étranger. Les rivages de Malte ne sont pas au bout du monde, mais quand même. Lui qui ne craignait pas de s'offrir au public dans la posture ingrate du cycliste courbé par l'effort sur sa machine, se cache sur un bateau avec personnel de bord, suivi par des photographes en hélicoptère, comme les stars de cinéma. L'été suivant son élection, il se retrouve en villégiature au bord d'un lac aux États-Unis. George Bush est son voisin ! L'homme qui ressemblait au Français moyen a changé de monde. C'est comme s'il y avait eu tromperie sur la marchandise.

Et s'il n'y avait que lui ! Les ministres aussi confirment l'accession du bling-bling au sommet de l'État. La ministre de la Justice est peut-être une beurette, mais elle prend la pose en robe Dior. La présidence de la République a désormais un porte-parole, David Martinon, mais ce que l'on remarque, ce sont ses costumes taillés près du corps et ses cheveux gominés. La photo très sophistiquée de l'équipe présidentielle dans le très sélect magazine *GQ* achève le portrait. Les snobs sont arrivés à l'Élysée, pas la France qui se lève tôt.

Au lieu d'exercer le magistère laborieusement acquis, Nicolas Sarkozy utilise la puissance du pouvoir pour se rassurer, pour montrer que, conformément à ses rêves de jeunesse, il est bien le plus fort. Blessé par la vie, une nouvelle fois meurtri, il se console avec son nouveau jouet comme un enfant qui essaie d'oublier qu'il a mal. À lui les escortes et les cortèges à rallonge ! Les joggings en lunettes noires entouré de gardes du corps, au terme desquels il se fait prendre en photo, en sueur, sur le perron de l'Élysée. Même le pudique François Fillon est convié à cette exposition athlétique. Nicolas Sarkozy est faible à l'intérieur, il affiche sa forme physique à l'extérieur.

L'entourage élyséen le reconnaît aujourd'hui: « C'était très dur à vivre. » Les sautes d'humeur sont régulières. Les colères homériques, imprévisibles. Y compris en public, Nicolas Sarkozy perd son sang-froid. Il apostrophe un quidam qui conteste sa puissance: « Casse-toi, pauvre con. » Il défie un pêcheur qui l'insulte depuis une terrasse: « Qui est-ce qui a dit ça ? Ben descends un peu le dire !... »

Ce n'est pas ainsi que devait s'incarner la rupture.

Cécilia s'en va. Le divorce est public. Et Nicolas Sarkozy persiste dans le bling-bling. Pourtant, la décision est irrévocable, il n'est plus nécessaire de jouer ce jeu de la séduction par le pouvoir. « Une fois qu'elle est partie, qu'elle va refaire sa vie, il entre en compétition avec Cécilia », explique un de ses proches. La mise en scène tout aussi bling-bling de sa capacité à « vivre sans elle », et du bonheur retrouvé avec Carla, n'est destinée qu'à empêcher celle qui n'a pas voulu être première dame à l'Élysée d'être la première dans les magazines. Officialisation de sa nouvelle famille à Eurodisney, quelques jours de vacances au pays des pyramides. Lunettes noires sur le visage, et escortés par des gardes du corps, comme il se doit au pays des paparazzis. Carla Bruni booste les ventes du moindre journal qui se fait l'écho de cette romance. Car en termes de capacité à apprivoiser et accaparer les médias, l'ancienne top model est une professionnelle. Cécilia passe au second plan. Nicolas Sarkozy s'apaise. Mais il a taché son image. Or, en politique, aucune peur, aucune faute n'est véritablement indélébile.

Malgré des années d'efforts, l'image du président «ami des riches» resurgit contre lui lors de l'affaire Woerth-Bettencourt.

Les Monte-Cristo

Ils se surnomment entre eux « les Monte-Cristo ». Comme le héros d'Alexandre Dumas, ils veulent se venger. Comme Edmond Dantès, ils ont connu l'exil. Mais ils n'ont pas le même sentiment de trahison. Leur Mercedes s'appelle Nicolas Sarkozy, mais jamais ils n'imaginent qu'il les a trahis. Non, ce n'est pas lui, celui qu'ils admirent et vénèrent entre tous les autres, ce n'est pas lui qui les a écartés. C'est elle, Cécilia. Mais elle ne les a pas trahis non plus, ils ne lui devaient rien.

Ils s'appellent Brice Hortefeux, Pierre Charon, Frédéric Lefebvre, Franck Louvrier. Ils sont ses collaborateurs depuis des années. Ils le confient en chuchotant, mais avec une petite étincelle de bonheur dans le regard : « On passe même plus de temps avec lui qu'avec notre propre famille. »

Brice Hortefeux s'était présenté à Nicolas Sarkozy en 1975, lors des Assises des jeunes UDR. Vingt-cinq mille jeunes scandaient le nom de Jacques Chirac, mais le collégien n'avait d'yeux que pour Nicolas Sarkozy. « Je veux travailler avec vous », assura le jeune homme à son aîné de trois ans. C'est ainsi qu'est née l'indéfectible relation d'amitié qui lie les deux hommes. Brice Hortefeux n'a plus jamais quitté Nicolas Sarkozy, devenant son premier collaborateur direct, tout autant que son ami. À Neuilly, Brice Hortefeux était un superdirecteur de cabinet. Il organisait et exécutait les volontés de Nicolas Sarkozy. Il fut témoin de son premier mariage, parrain de son second fils Jean. Cécilia et lui, cela n'avait jamais été la lune de miel. Avant elle, sur les questions politiques, il était le plus proche conseiller de Nicolas Sarkozy. Or, la politique, c'était toute la vie de Nicolas Sarkozy. Autant dire que Brice Hortefeux en passait du temps avec son mentor ! Mais Cécilia était arrivée, et il avait fallu s'incliner puisque, de son propre aveu, elle était indispensable à Nicolas. Brice s'en était accommodé, bien obligé, mais l'affect n'a jamais suivi. Et réciproquement.

Pierre Charon, Nicolas Sarkozy l'avait rencontré dans les années quatre-vingt, dans les couloirs de la mairie de Paris. Un peu plus âgé que son ami, c'était le joyeux drille de la bande. L'œil vif, le visage arrondi par son goût pour la bonne chère, c'est l'archétype du bon vivant. Autant Brice Hortefeux est réservé, presque timide, autant Pierre Charon est exubérant, capable de réunir une tablée de stars du show-biz pour de chauds moments d'amitié, d'éclats de rire, d'histoires grivoises et de bons mots délicieusement cruels. Il mêle tous les mondes. On le croit gourmand et superficiel, il est gourmet et réfléchi. Il adore tout savoir sur tout le monde. Il adore aussi susurrer des confidences sur tout, et tout le monde, c'est ainsi qu'il s'est construit un puissant carnet d'adresses d'amis et d'obligés. À un moment ou un autre, chacun a été son ami, mais Pierre Charon ne se connaît qu'une fidélité, celle qui le lie à Nicolas Sarkozy. Tout ce qu'il fait, c'est pour son grand homme, pour qu'il accède au sommet. Cécilia ? Nicolas Sarkozy en a besoin. Ce que veut Nicolas Sarkozy est loi.

De douze ans le cadet de Nicolas Sarkozy, Franck Louvrier l'avait rencontré lorsque celui-ci était devenu l'adjoint de Philippe Séguin à la direction du RPR, en même temps que Frédéric Lefebvre. Il s'était tout de suite reconnu dans la détermination et le professionnalisme de son patron. Il était chargé de la communication et de la presse. D'humeur égale et heureuse, avec un sourire lumineux, il est apprécié des journalistes pour sa disponibilité sans limites, sa patience inlassable pour expliquer la position du boss. Fasciné par l'organisation de la présidence américaine, son efficacité n'est jamais prise en défaut. Il trouve toujours un raisonnement propre à démonter toutes les attaques et les mises en doute sur les choix de Nicolas Sarkozy. Il démine les situations délicates avec un art consommé de la suggestion. Il ne dément jamais des faits embarrassants, mais les banalise soigneusement afin de semer le doute sur l'intérêt du sujet, s'il estime qu'il désavantage son patron. Cécilia faisait partie de son décor. Jamais Franck Louvrier ne se laissera aller à un mouvement d'humeur contre son patron ou ceux qui lui sont chers.

De cinq années plus âgé que Franck Louvrier, Frédéric Lefebvre était l'homme des réseaux économiques et politiques. Il repère, organise et travaille le maillage des élus. Il est celui qui diffuse la pensée sarkozyste auprès des parlementaires. Il sait ce qui est bon pour son mentor sans forcément avoir besoin de le lui demander. Au plus fort de l'affrontement avec Dominique de Villepin, c'est lui qui donna le ton salle des Quatre Colonnes à l'Assemblée. Il briefa les journalistes autant que les députés. C'est aussi un inlassable pourvoyeur d'idées, des plus iconoclastes aux plus conservatrices, que ses longs cheveux bruns portés en arrière ne laissent pas soupçonner.

Tous ceux-là forment « le commando de Sarko », avec Laurent Solly. C'est le plus jeune de la bande, arrivé plus tardivement, fin 2004, au ministère de l'Intérieur. Il n'avait alors que trente-quatre ans. Le jeune énarque surprend par son physique de beau ténébreux. Il adhère aussitôt au mode de fonctionnement du groupe. Ils ont évidemment une devise : « On gagne ensemble, on perd ensemble. » Leur cause commune s'appelle Nicolas Sarkozy.

Tous les jours, ils échangeaient leurs idées lors de réunions de travail qui devaient avant tout être efficaces. Chacun avait son rôle, son secteur, mais chacun pouvait dire son mot sur tous les sujets. Cela avait toujours fonctionné de la sorte. Y compris lors du premier passage au ministère de l'Intérieur. Cécilia assistait aux réunions, elle pouvait même constituer une alliée pour ces personnalités débordantes d'énergie, face à l'homme de la pondération : Claude Guéant.

Ce préfet, dont les compétences étaient reconnues aussi bien à droite qu'à gauche, était entré au cabinet de Nicolas Sarkozy en 2002. Il avait déjà fréquenté le ministère de l'Intérieur à l'époque de Charles Pasqua.

Il est le parfait contrepoint de Nicolas Sarkozy. Celui-ci est vif, impulsif, prompt à l'enthousiasme autant qu'au tutoiement. Claude Guéant est calme, mesuré, d'une politesse affable, au point de vouvoyer Nicolas Sarkozy, son cadet de dix ans, qui fait de même. Ils ont un point commun, une capacité et un goût exacerbé pour le travail.

Face à ce commando à l'exaltation presque juvénile, Claude Guéant est un monument de sérénité chaleureuse. Car l'homme a beau être austère, il est loué pour son humanité, son attention affectueuse envers ceux avec qui il travaille.

Il n'est donc jamais offusqué quand son point de vue est contesté par un autre membre de la garde rapprochée sarkozyste. Comme ministre, puis comme président, Nicolas Sarkozy tranche, et Claude Guéant applique la décision qui n'était pas la sienne avec la loyauté impassible du haut fonctionnaire.

L'équipe autour de Nicolas Sarkozy tournait alors comme une machine bien rodée. La bonne humeur prévalait. Chacun travaillait avec bonheur. La réussite était au rendez-vous, l'ascension du patron était irrésistible. Et puis le moteur produisit un grave hoquet, avant de s'immobiliser. Cécilia était partie. Nicolas Sarkozy s'était trouvé démuni face à la solitude. Que faire de ses soirées ? Comment ne plus y penser, ne pas gamberger ? Comment continuer de marcher ? Car il devait marcher, courir un marathon même, vers son but de toujours.

Alors, les membres du commando sont devenus des amis aux petits soins d'un grand blessé. Pierre Charon a organisé des rencontres propres à redonner la pêche à un Esquimau largué en plein désert. Didier Barbelivien est venu égayer des soirées devenues incroyablement longues. Franck Louvrier et les autres donnent le change auprès de la presse.

À la fin de l'été 2005 par exemple, l'été sans Cécilia. Nicolas Sarkozy se doit d'être présent aux universités des Jeunes Populaires. Le rendez-vous marque la rentrée politique des partis et de leurs leaders, dans une ambiance conviviale et festive. Son grand rival Dominique de Villepin est là lui aussi, en tant que Premier ministre et nouveau centre d'intérêt de la presse. Est-il capable de concurrencer Nicolas Sarkozy dans la course à l'Élysée ?

Les journalistes sont à l'affût. Nicolas Sarkozy, jusque-là adepte des longues discussions à bâtons rompus avec les rédacteurs, ne peut se cacher d'eux ni paraître trop abattu et soumis à des épreuves intimes. *The show must go on.* Un futur président de la République ne craque pas, il sait résister à des soucis privés quels qu'ils soient. Cette obligation donne lieu à des scènes étranges. Entouré, protégé par sa garde rapprochée, le chef de l'UMP ne peut faire un pas, s'asseoir à une table pour dîner sans qu'un journaliste, avec lequel il pratique le dialogue sans langue de bois depuis des années, essaie de lui arracher des confidences. Les rédacteurs ne savent même pas vraiment ce qu'ils cherchent, d'ailleurs. Mais c'est leur métier de chercher l'information, ils sont là pour cela, Nicolas Sarkozy est abordable, ils tentent leur chance.

Il doit faire bonne figure. Il distille quelques réflexions personnelles à ceux dont il sait qu'ils ne les répéteront pas. Il évoque longuement la beauté de la plage auprès d'autres, moins fiables. Il esquive les questions politiques. Le temps s'étire, interminable, il est trop tôt pour aller se coucher. Pierre Charon va chercher Didier Barbelivien et sa guitare. Les standards de la chanson française sont repris à l'unisson. Nicolas Sarkozy lance un tube de Johnny Hallyday: « Les coups ! Quand ça vous arrive, oh ouiii, oui, ça fait maaal ! » Il ne chante pas, mais regarde les journalistes en riant, comme pour montrer que tout va bien. Toujours à l'affût, un journaliste lance un titre: « Si j'étais président de la République... » Il fait chou blanc. Nicolas Sarkozy ne délivre pas de message codé sur son projet présidentiel. Il ne dit plus un mot. Scande la musique de la main, un sourire vissé sur le visage. Enfin, l'heure arrive où il peut regagner sa chambre sans paraître s'enfuir. Les journalistes appelleront leur rédaction: « Écoute, on a passé la soirée avec Sarko hier, il n'a rien dit, ni sur Ville-pin ni sur Cécilia... Mais il a l'air déterminé... Combatif, quoi. »

Combatif, Nicolas Sarkozy l'est certainement. C'est sa façon de réagir face à l'adversité. Il va même obtenir le retour de Cécilia. Pour le « commando Sarkozy », c'est une bonne et une mauvaise nouvelle à la fois. Une bonne nouvelle parce que leur patron a obtenu ce qu'il voulait, sa réussite est la leur. Une mauvaise car, au cours de cette période, ils ont connu une proximité, une intimité qui leur a fait imaginer que, finalement, l'apport de Cécilia n'était pas si indispensable. Elle le sait, une de ses amies lui a rendu compte des faits et gestes, et surtout des bavardages, de chacun.

Cécilia va donc méthodiquement éloigner ceux qui se sont réjouis de son départ. Désormais, le « commando Sarko » qui a le sentiment d'avoir porté un Nicolas Sarkozy déprimé à la victoire s'appelle « la Firme ». Le journaliste de France Inter Jean-François Achilli a popularisé le surnom dans son livre où il fait le récit de cette campagne[1]. « Il faut tout donner à la Firme », explique l'un de ses membres. Et ils ont tout donné, les Hortefeux, Charon, Louvrier, Solly et Lefebvre. Mais ils n'ont rien reçu, ou presque. Cécilia n'a pas voulu.

Le soir de la victoire, le 22 avril, ils ne sont pas conviés. Pierre Charon, ancien conseiller de Jacques Chaban-Delmas, qui a si souvent rêvé de ce moment, qui s'est demené pour qu'un sourire reste accroché au visage de son boss, Pierre Charon assiste aux événements comme un électeur lambda, devant sa télévision. L'électricité dans l'air quelques minutes avant l'annonce officielle, la libération de joie collective, l'oubli des moments difficiles, des doutes ou des découragements fugaces, la clameur soulagée des amis, l'échange d'un regard avec un inconnu aussi heureux, les empoignades viriles. « On gagne ensemble, on perd ensemble. » Rien de tout cela.

---

1. Jean-François Achilli, *Sarkozy : carnets de campagne*, Robert Laffont, 2006.

Il sera absent aussi de la cérémonie d'investiture à l'Élysée. La Firme n'est pas invitée au Fouquet's.

Le cabinet est constitué. Laurent Solly rejoint la direction de TF1. Frédéric Lefebvre devra attendre le mois de juin, la composition du deuxième gouvernement Fillon, après les législatives, pour atterrir à l'Assemblée nationale, en tant que suppléant d'André Santini. Les portes du gouvernement et de l'Élysée leur restent fermées. Même chose pour Pierre Charon. Il se retranche sur l'Hôtel de Ville. Brice Hortefeux hérite bien d'un portefeuille, mais lui qui rêvait de l'Intérieur doit incarner un nouveau ministère à l'intitulé très controversé : Immigration et Identité nationale. Il perd le contact quotidien avec son ami, et devient le grand méchant du gouvernement. Seul Franck Louvrier accède à l'Élysée, mais au prix de l'humiliation. Lui qui organise depuis des années la communication de Nicolas Sarkozy, ce qui constitue la marque de fabrique et signe la modernité du candidat de la rupture, lui qui tutoie tous les journalistes et n'a jamais commis un faux pas, est relégué dans l'ombre. Le chef de la communication est un nouveau venu, désigné par Cécilia, David Martinon. Tout aussi dévoué à Nicolas Sarkozy, mais qui arrive avec la victoire, sans avoir vécu le parcours initiatique de « la Firme ».

Ils n'en veulent pas à Nicolas Sarkozy. Mais à Cécilia et ses amis, oui. Ils rongent leur frein en silence. Se désespèrent des erreurs. Se disent qu'ils ne connaîtront pas deux fois cette relégation.

Désormais, ils ne s'appellent plus « la Firme » mais « les Monte-Cristo ». Ce n'est pas un club d'amis qui se réunissent pour se souvenir du bon vieux temps. Le lien a été rompu. Chacun poursuit sa route. « Les Monte-Cristo » constituent plutôt une confrérie tacite.

Ils ont si longtemps et si bien travaillé ensemble qu'ils n'ont pas besoin d'échafauder de plans pour organiser leur stratégie et leur action à l'encontre d'un adversaire. Quand l'un d'eux trébuche, ils l'empêchent de se relever.

De fait, David Martinon, le porte-parole devenu l'homme de la non-communication, qui n'avait « pas de commentaires » à faire à la presse rigolarde, a quitté Paris, et Neuilly, pour les États-Unis.

Rachida Dati, une si belle idée au ministère de la Justice, la grande amie de Cécilia, soutenue par Alain Minc, subit l'exil et doit refaire ses classes au Parlement européen.

Georges-Marc Benamou, celui qui avait tenu la chronique de la fin de la mitterrandie élyséenne, est remercié.

Catherine Pégard, la journaliste devenue conseillère, qui avait trop utilisé le relais de l'épouse, subit le bannissement interne à l'Élysée.

Les journalistes sont tenus au courant de ces disgrâces présidentielles. La guerre des entourages alimente régulièrement les colonnes politiques. « Les Monte-Cristo » sont des professionnels de la communication. C'est leur grand succès lors de la campagne de 2007. Ils avaient fait leurs classes face à Jacques Chirac. Maîtrisant sur le bout des doigts les règles du « *on* » et du « *off* ». Ils connaissent, pour les avoir presque scientifiquement étudiés, les réseaux de la plupart des journalistes. Qui est copain avec qui. Qui répète, et à qui, ses bons tuyaux. Ils avaient repéré que les journalistes avaient besoin de trois sources avant de juger une information crédible. Ils avaient donc organisé un circuit de sources différentes, une boucle d'interlocuteurs apparemment sans lien, qui donnaient au journaliste l'impression d'avoir recoupé son information auprès de différentes sources indépendantes les unes des autres. « Les Monte-Cristo » ont excellé dans cet art de la diffusion des confidences. Ils n'ont pas besoin de longs conciliabules pour accabler qui ils jugent indignes du premier cercle sarkozyste.

« La revanche est belle, la vengeance est basse », dit Nicolas Sarkozy. La bataille secrète des « Monte-Cristo » tient-elle de la revanche ou de la vengeance ?

Le solitaire

Quand un visiteur est attendu au palais de l'Élysée, et qu'il doit traverser la cour pour rejoindre les bâtiments de la présidence, le garde républicain qui l'accompagne lui fait raser les murs. La cour intérieure est recouverte de gravier blanc, de la même teinte, sans couleur, que les murs. Marcher sur le trottoir évite la poussière sur les chaussures, autant que le crissement du gravier. Imperceptiblement, ce petit cérémonial impressionne, l'invité sent qu'il doit se plier aux règles des lieux. Sans y penser, le visiteur imite la secrétaire qu'il vient de croiser, et se garde de faire claquer ses talons sur le parquet. Quand un beau tapis, ou une épaisse moquette, protège le sol, on perçoit l'effort du tissu pour éteindre les grincements du bois. L'Élysée est le palais du silence, et du protocole. Tout est tiré à quatre épingles. Sur le bureau du garde républicain qui veille à l'entrée de l'étage présidentiel, chaque objet est à sa place que l'on suppose millimétrée. Ils ne sont que trois personnages à disposer de leur bureau à ce palier : le président de la République ; Claude Guéant, le secrétaire général, juste séparé du chef de l'État par le salon vert, une salle de réunion ; et le conseiller du président, Henri Guaino. Leurs bureaux sont vastes et spacieux. Ailleurs, c'est plus biscornu, couloirs et escaliers ont des angles inattendus. Le plan du palais présidentiel n'est pas adapté à un grand lieu de travail. Impossible ici de passer la tête dans un bureau entre deux rendez-vous, ou d'interpeller facilement un autre conseiller. Rien à voir avec les couloirs et les bureaux vitrés de la série américaine *The West Wing* (*À la Maison Blanche*) qui raconte la vie quotidienne des conseillers dans l'aile ouest de la Maison Blanche. Claude Guéant lui-même reconnaît avoir ressenti le poids de cette disposition des lieux à l'Élysée. Nicolas Sarkozy a beau entretenir un style peu protocolaire, retroussant ses manches de chemise, tutoyant nombre de ses interlocuteurs, les désignant souvent par leur prénom, l'ambiance devient facilement compassée.

D'ailleurs, Nicolas Sarkozy aussi est sensible à l'étiquette. « Sache que quand le président de la République arrive, on se lève », a-t-il assené très froidement, en la prenant par l'épaule, à une jeune ministre qui avait négligé de le faire.

Le palais de l'Élysée, sa topographie, son protocole et ses habitudes, transmis de septennat en quinquennat, forment un tout invisible, qui imprègne et isole son locataire.

Pour ceux dont la fonction est d'accompagner le chef de l'État tout au long de ce bail de cinq ans, évoluer dans ce monde ouaté, au sommet d'une machinerie organisée au service du président de la République et de ses conseillers, est un plaisir d'une rareté exquise. Il alimente les fantasmes de ceux qui rêvent d'en user, et nourrit les regrets de ceux qui ont dû y renoncer. Car les conseillers ont beau garder la tête froide face aux dossiers qu'ils gèrent, ils restent banalement humains. Quand on se lève tôt le matin pour aller travailler à l'Élysée, la sonnerie du réveil est rarement vécue comme une torture.

« Les Monte-Cristo » n'ont pas envie de changer la sonnerie de leur réveil. Ils apprécient chaque instant de cet exercice du pouvoir suprême. Mais ils ont appris que cette puissance est éphémère. Ils ne sont là que par la volonté de Nicolas Sarkozy, ils peuvent ne plus l'être par cette même volonté. Et il est arrivé que le bon vouloir présidentiel fût imprévisible. Ils se souviennent du bannissement de l'un, des humiliations de l'autre, de l'oubli d'un autre encore. Pour avoir connu la blessure de la disgrâce, ils feront bien attention à ne pas la provoquer. Ils ne seront plus jamais en totale sécurité auprès de leur grand homme. L'attitude de Nicolas Sarkozy durant ses premiers mois à l'Élysée a instillé la peur d'être éliminé du logiciel de ses fidèles.

On ne les y reprendra pas. Pierre Charon a bien retenu la leçon. Évincé par Cécilia, il est aussitôt devenu l'ami de Carla. Aussi joyeux qu'avant, usant tout aussi gaiement, et habilement, de son carnet d'adresses. Un peu moins accessible pour les sans-grade peut-être, un peu rancunier, mais tellement comblé d'avoir retrouvé sa place d'ami.

Franck Louvrier est plus professionnel que jamais. Encore plus déterminé dans son rôle de démineur. Encore plus protecteur vis-à-vis de son patron. Le jugement un tout petit peu plus réservé sur les journalistes. Et tenté de mener sa propre carrière politique.

Enfin nommé au ministère de l'Intérieur, dont il rêvait depuis des années, Brice Hortefeux a entendu les rumeurs sur le supposé agacement de Nicolas Sarkozy face à ses difficultés à incarner le premier flic de France. Nicolas Sarkozy a eu beau le rassurer, lui redire son soutien publiquement, sans imagination et sans prendre de risque, le ministre de l'Intérieur calque son style sur celui de son illustre prédécesseur. Au moins, personne ne pourra lui reprocher sa stratégie.

111

Frédéric Lefebvre attend patiemment, sans gémir, un portefeuille ministériel qui tarde à venir. Les rumeurs auraient de quoi éteindre cet air enjoué, mais il sait que Nicolas Sarkozy ne récompense jamais les geignards. Au contraire. Il fait de son éloignement une qualité pour conseiller son héros.

L'anecdote a fait le tour des conseillers. Peu importe qu'elle soit vraie ou fausse, le plus significatif, c'est qu'elle est jugée crédible par ceux qui ne se sentent pas immunisés contre un traitement similaire.

Il arrive parfois que les rumeurs malveillantes sur l'un des conseillers lui reviennent. Cette personne a donc entendu dire que le chef de l'État, mécontent, pensait l'exfiltrer de l'Élysée pour la nommer ailleurs. Inquiète, elle demande un entretien pour démêler le vrai du faux. Le chef de l'État s'en défend, tout en lui faisant comprendre que si elle veut s'investir dans une autre fonction, ailleurs, il l'aidera à trouver un point de chute. Mais la personne ne veut pas entendre ce message, elle veut être rassurée sur sa présence à l'Élysée. Nicolas Sarkozy ne la congédie pas. Elle repart apaisée. Mais l'anecdote ne s'arrête pas là. À peine a-t-elle tourné les talons que le chef de l'État explose : « Mais qu'est-ce que c'est qu'un conseiller qui vient me faire perdre du temps ! Comme si je n'avais que ça à faire ! Je ne veux plus le voir ! »

La disposition de l'Élysée fait qu'un conseiller venant tous les jours au palais peut ne pas voir le président de toute la semaine. S'il déplaît, s'il indispose, il est inutile de le congédier. Il peut n'être chargé que de missions qui ne nécessitent pas de rencontrer le chef de l'État. Il vit en exil au sein même du château.

La personne en question a commis une erreur assez lourde en sarkozie. L'exercice du pouvoir sarkozyste, c'est éliminer des problèmes, résoudre des difficultés, écarter des dangers. Dans cette logique, pour Nicolas Sarkozy, un conseiller est là pour proposer des solutions et non l'inverse. C'est l'une des règles non écrites que connaissent tous ceux qui travaillent avec lui. C'est ainsi que lui-même a toujours fonctionné quand il œuvrait dans le sillage d'un plus grand que lui. Il est capable de violentes colères, y compris contre Claude Guéant, si les pistes envisagées ne lui semblent pas cohérentes ou applicables. Alors, qu'un collaborateur devienne un problème, c'est insupportable !

Les coups de colère de Nicolas Sarkozy sont légendaires. C'est un flot ininterrompu d'exaspération, d'agacement et de reproches parfois cruels. Les pièces du palais du silence ne sont pas bien isolées. Il arrive que des visiteurs patientant dans un des fauteuils bleus du salon d'attente, près de son bureau, en perçoivent parfois les échos. Nicolas Sarkozy se défoule, et déverse ses griefs sans laisser le temps au fautif (s'il est présent) de s'expliquer. Quand Nicolas Sarkozy libère sa colère, rien ne sert de lui résister. Crier le soulage. Lui qui ne s'épanouit que dans le combat se rassure peut-être sur sa propre compétence en foulant au pied celle de ses subordonnés.

Ce n'est jamais agréable, mais ils laissent passer l'orage. Ces emportements sont réguliers depuis son accession à l'Élysée. En réaction à une fragilisation intérieure que la colère refoule ? ou pour chasser le stress généré par la responsabilité présidentielle ? Ceux qui les narrent se refusent à trancher la question.

Toujours est-il que ces collaborateurs évitent de provoquer ces séances. Face à une difficulté, face au ressentiment exprimé par le patron, face à un obstacle auquel se heurte l'Élysée, ils ont tendance à élaborer des justifications apaisantes.

Lorsque la polémique éclate sur la gestion de la campagne de vaccination contre la grippe A, l'Élysée ne veut rien entendre. La controverse est le fait d'une presse hostile, qui n'a pas suffisamment relayé l'information sur l'utilité du vaccin. Quand ils en ont pris conscience, les gens sont tous allés se faire vacciner en même temps, ce qui a valu les longues files d'attente décriées dans les journaux. Ce n'est pas le fait d'une mauvaise organisation, mais d'un afflux massif et imprévisible de volontaires à la vaccination. Si peu de gens ont été vaccinés au final, c'est parce que beaucoup ont sciemment refusé de l'être, et non parce que l'épidémie a cessé avant la fin d'une campagne très lente et longue. Aucun autre raisonnement n'est entendu, une fois que l'Élysée a écrit sa propre histoire. L'amertume des médecins, froissés par le manque de confiance de l'exécutif dans l'organisation de cette campagne, n'est pas une donnée recevable dans le logiciel de l'Élysée, qui fonctionne en intranet. Ce n'est qu'après l'analyse du scrutin des régionales que le désappointement des médecins vis-à-vis du pouvoir deviendra une donnée à prendre en compte, et même une priorité politique.

À force de trouver une justification à toutes les difficultés, l'Élysée finit par perdre la réactivité qui était la force de Nicolas Sarkozy. Conséquence logique, beaucoup de maux politiques ont été sous-estimés: le malentendu sur le style présidentiel, l'incompréhension de sa virulence dans l'affaire Clearstream, le désespoir social des Français touchés par la crise, l'affaire de l'EPAD, l'indiscipline des parlementaires, le sentiment d'abandon des agriculteurs face aux lois sur l'environnement, la démobilisation de l'électorat de la majorité pour les régionales...

Une autre donnée engendre cette tendance à accompagner plutôt qu'à contrer le raisonnement personnel de Nicolas Sarkozy, c'est le poids

de l'affect dans ses relations professionnelles.
« Nicolas Sarkozy est très sensible », « c'est un
grand affectif, il n'aime pas blesser les gens », « il
est blessé par l'injustice des attaques contre lui ».
Ces phrases reviennent souvent, et souvent dans
la bouche de ceux qui travaillent avec lui. Il n'est
pas nécessaire de les bousculer pour obtenir ce
genre de propos presque sentimental. Il ne serait
venu à l'esprit d'aucun conseiller de François Mitterrand, ou de Jacques Chirac, de décrire le président comme un homme émotif. Les proches de
Nicolas Sarkozy lui sont liés par un pacte émo-
tionnel, qui les conduit à raisonner de la même
façon que lui, et par conséquent à ressentir les
événements de la même façon. Ils tombent dans le
même travers. Aucun n'a la capacité à réagir avec
froideur.

Claude Guéant, décrit et loué pour sa lucidité, son calme inébranlable, témoigne lui aussi
de ce lien affectif. Le haut fonctionnaire n'est pas
si placide qu'il y paraît. Il est de marbre quand il
évoque sa fonction. Il est modeste quand il dément
tel papier le décrivant comme le vice-président ou
le Premier ministre bis, il regrette que celui-ci lui
« crée des ennemis », alors que lui est un « gentil qui veut servir son pays ». Mais quand il décrit
sa relation professionnelle avec Nicolas Sarkozy,
il s'emporte, sa voix se fait plus chaude, le geste,
plus large, le regard, brillant: « C'est emballant de
travailler avec quelqu'un qui fait enfin bouger les

choses ! » Claude Guéant est un affectif. En sarkozie, ce n'est pas un défaut, c'est plutôt un signe de reconnaissance.

Mais cette immixtion d'une forme de sentimentalisme dans les relations professionnelles enferme le chef de l'État dans le palais des unanimes. « L'isolement est parfois nécessaire, analyse l'un des conseillers. Dans ce monde médiatique, il faut se protéger. »

À force de se protéger, Nicolas Sarkozy vit dans une bulle, mais ne le dites pas à ses conseillers ! Ils s'indignent d'un même élan ! Le chef de l'État voit beaucoup de monde. Une à deux fois par semaine, voire plus, il effectue des visites de terrain. Bien sûr, ils en sont conscients, ce sont des visites préparées, le public est sélectionné, mais les discussions sont franches autour des tables rondes, ils en sont convaincus. Nicolas Sarkozy entend le message des Français modestes.

Admettons, le chef de l'État entend les messages. Mais pourquoi alors donne-t-il l'impression du contraire ? Et pourquoi ne parvient-il pas à transmettre le sentiment qu'il y répond ? L'exercice a eu lieu devant des millions de téléspectateurs. Le chef de l'État répondait à un panel de Français venant chacun lui exposer son problème, emblématique de toute une profession. Face à une jeune femme de vingt-six ans, diplômée bac +5 et qui ne trouve pas d'emploi, le président de la République répond par l'exposé de l'évolution de la situation économique depuis la crise, et lui assure que le chômage va baisser dans les semaines et les mois qui viennent. « D'accord, mais nous, comment faisons-nous pour vivre ? » persiste la jeune femme. Nicolas Sarkozy prend sa respiration, se concentre : « Votre problème, c'est la croissance… » Face à un cri d'impuissance sincère, le chef de l'État répond par un constat de technocrate. Reconnu pour son empathie naturelle avec les gens, ce soir-là, Nicolas Sarkozy ne parvient jamais à dérider ses interlocuteurs. Leur regard reste grave, leur bouche, figée. Le chef de l'État paraît emprunté lui aussi, précis dans l'abondance de chiffres qui ponctuent ses exposés bien construits, il a le geste rare, et le sourire économe. Les conseillers de l'Élysée se diront satisfaits de sa performance. Il a prouvé qu'il savait être attentif, qu'il savait prendre le temps d'écouter. Un sondage vient aussitôt affirmer que les téléspectateurs ont jugé le président convaincant. Le commentateur, qui prétend que la prestation est ratée, est donc jugé malintentionné. Une nouvelle fois, l'Élysée s'enferme dans ses certitudes. Pourtant, dans les semaines qui suivent, le « succès » de l'émission n'amène aucun sursaut de la cote de popularité présidentielle.

Avoir le courage de faire les réformes que personne n'a osé entreprendre avant lui ne rend pas populaire, se rassure encore l'entourage, et le président de la République avec lui. La popularité ne serait donc pas nécessaire, ni même souhaitable, au bout du compte.

On ne l'aime pas ? Il s'en fiche. Il s'enferme avec ceux qui l'aiment, et pensent comme lui, dans son château. Ceux qui lui répètent qu'il est le meilleur. Qu'il a été élu sur son seul nom, et pour cinq ans. Avec un projet qu'il aura appliqué à la fin de son mandat. C'est alors seulement que l'on pourra juger. D'ici là, mieux vaut ne pas se flageller, et ignorer le discours de ceux dont le seul but est de lui nuire. Ce rejet de tout ce qui est divergent est le propre de l'isolement du pouvoir.

Nicolas Sarkozy a donc bien changé depuis qu'il est à l'Élysée. Où est passé celui qui, dans les années 2000, expliquait que le succès, lors d'un débat télévisé, ne se conquiert pas par la victoire sur l'autre, qui est sans lendemain, mais dans la perception de la proximité et de la sympathie de l'orateur par le public ? Où est passé le ministre de l'Intérieur qui, au faîte de sa popularité, s'imposait chez son collègue de l'Éducation nationale pour dénouer la crise avec les syndicats, et assurait que « la popularité n'est pas une fin en soi, mais une opportunité pour agir » ?

Elle serait donc superflue, cette popularité ? Nicolas Sarkozy se ficherait comme d'une guigne de ne plus être le politique le mieux aimé des Français ? Pourquoi alors est-il persuadé qu'autant de gens le détestent, lui veulent du mal, et s'organisent pour lui nuire ?

Le parano

Même les paranos ont de vrais ennemis. La formule serait de Roland Topor. Elle pourrait s'appliquer à Nicolas Sarkozy, quand il bascule dans le travers qui guette tous les puissants.

L'un de ses amis le confesse : « C'est quand même difficile aujourd'hui, quand on est président ou présidentiable, de ne pas être parano. Quand une demi-douzaine de personnes sont prêtes à prendre la place, avec tous les moyens du bord. »

Et un autre, sarkozyste mais un peu moins sentimental, précise : « Il connaît la règle pour l'avoir appliquée lui-même, en politique, on n'est jamais trahi que par les siens. »

Il est vrai que, dans ses années de formation, Nicolas Sarkozy a trahi Charles Pasqua, puis Jacques Chirac. Il s'en défend, mais c'est bien ce que ses deux mentors successifs ont ressenti.

Charles Pasqua, quand Nicolas Sarkozy a pris la mairie de Neuilly, que lui-même convoitait. Jacques Chirac, quand son protégé a rallié Édouard Balladur pour la présidentielle de 1995. Mais le même Charles Pasqua est aussi l'auteur de la formule selon laquelle « en politique, les promesses n'engagent que ceux qui les croient ». Jacques Chirac, quant à lui, a témoigné d'une fidélité que Valéry Giscard d'Estaing n'a pas jugée exemplaire lors de la présidentielle de 1995, c'est le moins que l'on puisse dire.

En l'espèce, Nicolas Sarkozy n'a rien d'un ovni dans le monde politique. Il a donc de bonnes raisons de rester vigilant. Mais la vigilance est chez lui un peu plus exacerbée que la moyenne, car il est incapable de la relâcher. Par crainte de la trahison, mais aussi par incapacité à imaginer qu'il existe meilleur ou aussi bon que lui. Car Nicolas Sarkozy vit dans la compétition permanente. Il a constamment besoin de se comparer.

Cette approche a sans doute des causes intimes, dans son enfance, mais elle est confirmée par sa progression politique. « Je me suis fait tout seul », « on ne m'a rien donné », « je me suis toujours battu pour obtenir les choses », ce sont des antiennes de son discours. Des rengaines accentuées par un sentiment d'injustice à son endroit. Injustice de sa position sociale dans l'enfance. Injustice dans le portrait qui est fait de lui. Au début, la description de la réussite du jeune homme pressé lui convient. Maire à vingt-huit ans, c'est un match gagné. Mais quand il devient ministre en 1993, c'est dix ans après sa victoire à Neuilly ! Rayé des listes proportionnelles aux législatives de 1986, il a dû attendre encore deux ans avant d'être député. Le retour de la gauche en 1988 le renvoie cinq ans sur le banc de touche de l'opposition. Il ronge son frein comme un footballeur privé de Mondial. Quand il devient enfin ministre en 1993, il est décrit comme un impatient chronique, un ambitieux aux dents longues, dont la carrière aurait été trop rapide, il le ressent comme une injustice. C'est comme si lui était intenté cet éternel procès en illégitimité. Il proteste : « J'ai mis vingt ans ! » Dix-neuf années, précisément, se sont écoulées depuis 1974, ce jour de mars où il s'est inscrit à l'UDR et a entamé la longue marche du militant de base vers le sommet. Il s'indigne avec un brin de jalousie. D'autres « ont découvert la vocation politique par l'expérience d'un cabinet ministériel dont les portes s'ouvraient largement », se dit-il. Nicolas Sarkozy, à l'inverse, a le sentiment d'avoir toujours dû forcer ces portes, comme si ce monde ne voulait pas de lui, comme si on ne l'en considérait pas digne. Comme s'il n'était pas à sa place. Comme s'il n'était pas légitime.

La sensation d'illégitimité l'habite depuis toujours, et nourrit son sentiment de ne pas être considéré à sa juste valeur. Quand il se bat, quel que soit l'objectif, sa motivation est double. Il se bat pour cet objectif en soi. Il se bat aussi contre tous ceux qui le croient illégitime. Chaque réussite constitue donc une victoire contre quelqu'un ou quelque chose. Une victoire personnelle qui rassure son ego. L'une de ses phrases favorites, après une victoire, n'est-elle pas de dire: « Je les ai tous niqués » ?

Vaincre ce sentiment d'illégitimité conduit Nicolas Sarkozy à se comparer en permanence. Il ne veut pas être excellent, il veut être le meilleur, et constamment démontrer cette supériorité. Même le Président Obama, l'homme le plus puissant de la planète, ne souffre pas la comparaison. Quand Nicolas Sarkozy se rend aux États-Unis en mars 2010, alors que Barack Obama est en train de réussir à faire passer sa réforme du système de santé, il ne peut s'empêcher de compter les points. « Bienvenue dans le club des États qui ne laissent pas tomber les gens malades », lance-t-il d'abord sous forme de boutade devant des étudiants à New York. Mais cela ne suffit pas, face à ce Barack Obama présenté comme tellement moderne, tellement novateur, il faut que Nicolas Sarkozy précise les choses, et rabaisse un peu cette superbe du Président américain. Il compare toujours ! « L'idée que les plus pauvres d'entre vous ne soient pas laissés dans la rue, seuls, sans un centime face à la maladie, excusez-moi ! Nous ça fait cinquante ans qu'on a résolu le problème ! » C'est dit avec le sourire, car sur ce point Nicolas Sarkozy se sent plus fort que Barack Obama.

Mais, à force de se convaincre qu'il est le plus fort, Nicolas Sarkozy finit par croire qu'il est le seul à être indispensable. L'autre formule favorite prêtée à Nicolas Sarkozy est : « Si ce n'est pas moi qui m'en occupe, ça ne va pas ! » Non seulement il ne fait pas confiance aux autres, mais en plus il ne nourrit aucun doute sur l'excellence de sa compétence personnelle.

De cette assurance découle cette volonté d'assumer lui-même l'exercice du pouvoir, sur la base d'une légitimité enfin acquise par l'onction du suffrage universel. Combien de fois n'a-t-il pas cité ses dix-neuf millions de voix qui se sont portées sur son nom ! Son projet ! Sa campagne ! C'est lui, lui seul, qui a été élu. Quant aux députés qui constituent sa majorité au Palais-Bourbon, certes ils ont des électeurs, mais c'est à lui, à son nom et son projet, qu'ils doivent leur élection. De cela Nicolas Sarkozy, ses conseillers et ses amis sont persuadés. Les indisciplines et autres états d'âme parlementaires disparaîtront tout seuls à l'approche de 2012. Un député, ce qui le préoccupe, c'est sa réélection. Et quand le postulant UMP se demandera qui est le mieux placé pour gagner, et assurer le renouvellement de son mandat, il ne citera qu'un nom, celui de Nicolas Sarkozy.

Nicolas Sarkozy adore cette posture du sauveur. Combien de sommets a-t-il sauvés ? N'est-ce pas lui qui a sauvé la situation en Géorgie ? N'est-ce pas lui qui a sauvé les banques, et donc les petits épargnants français, lors de la crise économique et financière de l'automne 2008 ? N'est-ce pas lui qui a sauvé le couple franco-allemand ? N'est-ce pas lui qui a sauvé l'Union européenne, après la crise boursière qui a mis l'euro en grave danger ? D'ailleurs, « en Grèce, on m'appelle "le sauveur", cela me change de ce que l'on dit en France », se serait glorifié le chef de l'État auprès de ses collaborateurs au printemps 2010.

Voici donc un homme qui ne doute pas de lui-même ! Il est si certain de sa force qu'il finit par se convaincre qu'il n'a besoin de personne pour réussir. Les fortes carrures qui apparaissent dans son paysage, si elles ne sont pas ses obligées, sont forcément des adversaires qui veulent sa perte. Pour asseoir durablement sa légitimité, Nicolas Sarkozy a besoin d'éliminer définitivement ses adversaires. Car Nicolas Sarkozy ne sait pas être magnanime. Il ignore la mansuétude du général vainqueur.

« À un ennemi cerné, il faut laisser une issue », préconise Sun Tzu, le grand stratège chinois de *L'Art de la guerre*, mais Nicolas Sarkozy ne connaît pas ce précepte. Pour lui, l'ennemi doit être poussé dans ses derniers retranchements, rendre gorge, « être pendu à un croc de boucher ».

Nicolas Sarkozy est convaincu que l'affaire Clearstream a été montée de toutes pièces contre lui, pour l'anéantir et le tuer politiquement. Mais même si l'on adhère à son sentiment d'avoir été victime d'une odieuse machination, comment concevoir qu'un président de la République, vainqueur sur toute la ligne, puisse poursuivre ainsi de sa vindicte tenace l'un de ceux qu'il croit être l'initiateur du complot, au point d'en perdre tout sens stratégique ? Comment expliquer qu'un chef de l'État en exercice, venu aux États-Unis étudier les problèmes les plus importants de la planète, se laisse dominer à ce point par la passion ? Il est le garant des institutions d'un pays dont la devise est « Liberté, Égalité, Fraternité ». Il est le président du Conseil supérieur de la magistrature, garant de l'indépendance et de la sérénité de la justice. Il est par ailleurs avocat de formation. Comment alors imaginer qu'il puisse se laisser aller à désigner comme coupables les prévenus convoqués à un procès qui n'a pas débuté ? « Au bout de deux ans d'enquête, deux juges indépendants ont estimé que les coupables devaient être traduits devant un tribunal correctionnel », lâche le président de la République. C'est au minimum un lapsus fâcheux, au pire le témoignage d'une négation de la présomption d'innocence, par le président, qui ne laisse pas d'issue à son adversaire.

Pourtant, l'un des disciples de Sun Tzu explique la maxime: les ennemis « sont dans une situation désespérée. Je ne peux pas les talonner. Si je les pousse avec modération, ils s'en iront sans tourner la tête. Si je les serre de près, ils se retourneront contre nous et se battront jusqu'à la mort. » Nicolas Sarkozy ne veut pas le savoir. Il ne laisse aucune issue à Dominique de Villepin, au point que l'ancien Premier ministre se battra désormais jusqu'à la mort.

Nicolas Sarkozy aurait choisi de ne rien lâcher dans cette affaire pour en finir une bonne fois pour toutes avec les pratiques occultes qui empuantissent la vie politique. Soit. Mais rien malheureusement ne garantit qu'un tel procès immunise les hommes politiques de tout poil contre la corruption. Plusieurs élus ont été jugés et condamnés. Cela ne les a pas empêchés de retrouver les bonnes grâces de leur famille politique. Dans l'affaire Clearstream, Dominique de Villepin a été acquitté par le tribunal correctionnel. Le parquet a fait appel. Un autre procès aura lieu mais, d'ici là, sur le plan politique ne demeure que l'image d'une opposition féroce entre deux anciens amis de la même famille. Et le spectre de la division revient planer sur l'Élysée.

Car Nicolas Sarkozy n'a pas toujours été aussi dur envers Dominique de Villepin. Il raconte lui-même que l'ancien secrétaire général de l'Élysée fut l'artisan de sa réconciliation avec Jacques Chirac en 1997, seul contre tous les autres membres de l'entourage du président. Ce fut lui aussi, seul contre tous, qui plaida pour que Nicolas Sarkozy soit candidat à la présidence de l'UMP en 1999.

« Il n'y a pas de petitesse dans ce guerrier », juge alors Nicolas Sarkozy. C'est Dominique de Villepin enfin qui, en 2005, invalide la règle qui avait obligé Nicolas Sarkozy à quitter le gouvernement en devenant président de l'UMP, et le ramène au ministère de l'Intérieur.

Pourquoi alors poursuivre Dominique de Villepin de sa rancœur ? La fin de mandat du dernier Premier ministre de Jacques Chirac a été une longue agonie. Après l'élection de Nicolas Sarkozy, l'ancien Premier ministre ne pèse plus rien dans la majorité. Ses fidèles sont peu nombreux à l'Assemblée où il n'a jamais été élu. Il n'a pas de structure partisane. Pourquoi vouloir l'écraser comme un moustique dont la piqûre serait mortelle ?

D'après l'un de ceux qui ont parfaitement suivi ce dossier, du côté de Dominique de Villepin mais en prêchant le rassemblement, l'attitude de Nicolas Sarkozy serait corrélée à la cote de popularité de Dominique de Villepin.

Quand démarre l'affaire et qu'une information judiciaire est ouverte, en septembre 2004, Nicolas Sarkozy est en pleine forme dans les sondages. Dominique de Villepin est une personnalité dont l'avenir intéresse relativement peu les Français. Il ne fait pas partie des présidentiables. Nicolas Sarkozy ne bouge pas.

En novembre 2004, la presse se fait l'écho d'un différend entre les deux hommes, Nicolas Sarkozy reproche à Dominique de Villepin, ministre de l'Intérieur, de dissimuler les conclusions de l'enquête de la DST qui l'innocente. Le secret défense est partiellement levé sur l'enquête de la DST. Le développement judiciaire s'enclenche. Sur le plan politique, le calme règne, au moins en surface, durant la première partie de l'année 2005.

Dominique de Villepin accède à Matignon au mois de mai. La cote d'avenir de Nicolas Sarkozy accuse un reflux. Entre janvier et mai 2005, il a perdu 10 points dans le baromètre TNS-Sofres. À la question de savoir si les personnes interrogées souhaitent le voir jouer un rôle important au cours des mois et des années à venir, Nicolas Sarkozy passe de 57 à 48 %, loin devant Dominique de Villepin, à 36 % en juin. Mais le nouveau Premier ministre grimpe ensuite régulièrement, frôle les 50 % en août, et se stabilise autour de 45 % en janvier. Pendant que Dominique de Villepin entre progressivement dans le club des présidentiables, la cote de Nicolas Sarkozy est instable, il remonte puis redescend.

En janvier 2006, Nicolas Sarkozy redescend brutalement de 54 à 45 %. À l'inverse, Dominique de Villepin croit en son étoile et lance le CPE, d'abord approuvé puis rejeté par Nicolas Sarkozy. À la fin de ce mois où tout bascule pour Dominique de Villepin, Nicolas Sarkozy se constitue partie civile dans l'affaire Clearstream le 31 janvier. Il dénonce un complot visant à le détruire lui seul et personnellement, alors que bien d'autres noms de personnalités politiques apparaissent dans le faux listing.

L'avenir de Dominique de Villepin s'assombrit, celui de Nicolas Sarkozy se dégage.

Il est bien difficile d'en conclure qu'il y a un lien de cause à effet. Ces deux courbes ne suffisent pas à prouver la véracité de l'argumentation. Elles peuvent coïncider cependant avec l'hypothèse selon laquelle Nicolas Sarkozy a commencé à taper sur Dominique de Villepin au moment où le Premier ministre est devenu un présidentiable suffisamment crédible pour, aux yeux des antisarkozystes, pouvoir concurrencer la candidature de Nicolas Sarkozy à la présidentielle.

Toujours est-il que, si Nicolas Sarkozy redoutait la concurrence de Dominique de Villepin, l'affaire Clearstream a failli avoir raison de ses ambitions politiques. La haine de Nicolas Sarkozy envers Dominique de Villepin serait donc proportionnée à sa peur d'être éliminé de la course à l'Élysée. En janvier 2006, Nicolas Sarkozy aurait eu tellement peur qu'il ne pourrait l'oublier qu'en effaçant Dominique de Villepin du paysage politique via sa condamnation par un tribunal.

Quand on l'entend parler de cette affaire, le sentiment qui transparaît dans les yeux de Nicolas Sarkozy est la haine, mêlée à une forme de déception. Nicolas Sarkozy a-t-il le sentiment

131

d'avoir été trahi par l'un des rares politiques auxquels il aurait accordé sa confiance ?

En 2001, il lui rendait un hommage vibrant. « Depuis qu'il a lui-même organisé ma réconciliation avec le président, jamais son soutien ne m'a fait défaut. Il fut absolument le seul à l'Élysée à être animé de cette volonté de rassemblement. Je me devais de le dire, alors même que l'image de Dominique de Villepin a été souvent à l'inverse de la vérité. » Quand Nicolas Sarkozy écrit ces lignes, Dominique de Villepin est toujours considéré dans la majorité comme l'artisan de la dissolution qui a ramené les socialistes au pouvoir. Et pourtant Nicolas Sarkozy l'encense littéralement. « Détestant les non-choix et les hypocrisies, poursuit Nicolas Sarkozy, travaillant plus qu'il est imaginable, voulant avoir raison sans toujours y croire, se trompant parfois, mais avec panache, il est une personnalité qui mérite beaucoup mieux que le portrait déséquilibré souvent tracé. » On est loin, bien loin de la rivalité de l'affaire Clearstream. Est-ce que Nicolas Sarkozy s'en veut d'avoir écrit ces lignes, de s'être trompé, d'avoir été dupé ?

La peur de voir d'anciens alliés se retourner contre lui serait l'un des moteurs de Nicolas Sarkozy. Un rétromoteur, car c'est une force qui, au lieu de propulser Nicolas Sarkozy, retient son bras.

Ce serait une peur qu'il domine en ne faisant confiance qu'à lui-même.

Seul, se méfiant de tous, Nicolas Sarkozy ne croit plus personne. Il est très entouré, mais seul, dans son palais. « Il peut vivre dans un bocal avec des vipères », résume l'un de ceux qui fréquentent régulièrement les lieux. Ne serait-il pas plus juste de dire qu'il croit vivre dans un bocal avec des vipères ?

Le casting

« *It's better to have him inside the tent pissing out, than outside pissing in.* » Il vaut mieux l'avoir dans la tente qui pisse dehors que l'inverse.

La phrase est attribuée à Lyndon B. Johnson, le vice-président américain qui succéda à John Fitzgerald Kennedy en 1963, à propos du très puissant directeur du FBI, John Edgar Hoover. Elle correspond assez bien à la fascination des fidèles de Nicolas Sarkozy pour le modèle mythique de la présidence américaine.

L'adage constitue surtout une règle d'hygiène de vie sarkozyste. En entrant au gouvernement, les ministres laissent leur colt au vestiaire.

La règle de la solidarité gouvernementale a toujours existé, mais elle atteint un degré de contrainte des plus élevés dans un gouvernement sarkozyste. Généralement, la solidarité gouverne-

mentale consiste, pour un ministre, à ne pas critiquer l'action d'un collègue en responsabilité dans
un domaine différent du sien, le chef du gouvernement étant chargé de coordonner les différentes
actions de son équipe.

Jean-Pierre Chevènement a durci la règle, en
estimant qu'« un ministre, ça ferme sa gueule. Si
ça veut l'ouvrir, ça démissionne. » C'est ce qu'il
mit en pratique en 1983, quand le gouvernement
Mauroy opéra le virage de la rigueur. Le leader
du Ceres, courant positionné à la gauche du parti
socialiste, contestait ce tournant libéral validé par
le président de la République. Il s'opposait donc à
l'orientation politique de l'exécutif. Il ne s'agissait
plus de respecter une simple solidarité collective,
mais de se plier à un changement de ligne politique important.

Mais la formule est trop belle, et elle sert chaque
fois qu'un ministre prétend émettre la moindre
interrogation sur les choix de Nicolas Sarkozy.
« On a vite compris qu'il fallait fermer sa gueule,
explique un ministre nommé en 2007. Ça fait partie du métier. » Sous la présidence de Nicolas
Sarkozy, les ministres sont tenus d'approuver les
décisions du chef de l'État.

C'est d'ailleurs pour cela que beaucoup d'entre
eux ont été choisis. En entrant au gouvernement,
ils assurent Nicolas Sarkozy de leur sujétion. « Je
suis sûr qu'ils me seront fidèles, a ainsi expliqué
Nicolas Sarkozy à des députés en parlant de ses

ministres, car si je les vire, ils n'ont rien. » Et l'un de ces parlementaires d'ajouter: « Il aime les mecs qu'il tient. » Oui, Nicolas Sarkozy aime bien exercer ce pouvoir de nomination. Quand il occupe, provisoirement, la tête du RPR en 1999, il désigne une direction. La période a beau être peu porteuse, on se bouscule pour le titre de secrétaire national. La désignation constitue une distinction appréciable, surtout pour les candidats potentiels à la présidence du mouvement. Nicolas Sarkozy s'en amuse: « J'avoue que j'ai éprouvé un vain mais malin plaisir à les voir accepter avec tant d'empressement d'être présentés comme de vaillants secrétaires nationaux. » Rien n'a changé depuis, si ce n'est que ce plaisir est plus malin que vain. Il rassure le président sur sa puissance, et lui garantit l'exercice confortable de son pouvoir solitaire. Car une fois introduits dans l'équipe, les ministres prononcent rarement un mot plus haut que l'autre, sauf si cela fait partie de leur mission.

C'est le cas de Fadela Amara, par exemple. Venue de la sphère de la gauche, l'ancienne présidente de l'association Ni putes ni soumises symbolise l'émergence d'une génération issue de l'immigration. Elle inaugure son statut de secrétaire d'État chargée de la Ville par une appréciation bien peu solidaire envers la majorité parlementaire. « C'est dégueulasse », assène-t-elle, concernant l'utilisation de tests ADN proposée par un député UMP afin d'identifier les membres d'une famille immigrée dans le cadre du regroupement familial. L'expression reviendra plusieurs fois au fil des années à l'appui de ses commentaires sur l'actualité dans les banlieues. Fadela Amara est parfois à contre-courant du camp dont elle fait désormais partie. Elle va même jusqu'à dire qu'elle ne votera pas forcément Sarkozy à la prochaine présidentielle. Il n'empêche. En public, lors de la cérémonie des vœux aux parlementaires en janvier 2010, Nicolas Sarkozy se dirige vers elle, et, après un rapide coup d'œil pour s'assurer que son geste sera remarqué, il prend sa ministre par les épaules, l'embrasse comme du bon pain, et s'exclame : « Ah ! Fadela, c'est ma préférée ! » C'est que, depuis sa petite phrase maladroite sur la présidentielle, Fadela Amara s'est bien rattrapée. Elle a noué un contact amical avec Carla Bruni-Sarkozy, a toujours la dent dure contre une partie de la droite, mais jamais, au grand jamais, contre le président de la République. Lui, « il est super ». Son nom a beau figurer parmi les éventuels partants lors des supputations d'avant remaniement, Fadela Amara est toujours là. Pourtant, le bilan de son action gouvernementale n'est guère spectaculaire. Le vote des banlieues n'est pas vraiment acquis au chef de l'État. Aucune grande mesure n'est associée au nom de la ministre, dont la nomination avait été jetée, tel un soufflet, au visage des socialistes, qui n'avaient pas su trouver la place que méritait cette militante des droits de la femme dans les cités. Pourquoi est-elle toujours là, alors ?

L'idée est assez répandue que « les gens qui veulent être ministres savent que, à un moment ou un autre, ils peuvent être lourdés sans savoir pourquoi », selon l'un de ces prétendants à l'adoubement sarkozyste. À chaque rumeur de remaniement, circule la liste de ceux qui ont déçu Nicolas Sarkozy, et dont il ne voudrait plus. Et puis le remaniement s'opère et la plupart de ces noms restent à l'affiche.

Pour Fadela Amara, comme pour d'autres ministres placés dans la même posture inconfortable, les sarkozystes apportent deux explications divergentes.

Selon les uns, bien que désappointé par ces recrues qui n'ont pas réussi à accoler leur nom à une politique, Nicolas Sarkozy ne parviendrait pas à s'en défaire pour des raisons affectives. « C'est un homme qui n'aime pas faire du mal », dit-on. « Fadela a tout lâché pour lui, s'il la vire, elle n'a plus rien. » Il le sait et lui donne encore une chance de progresser. Nicolas Sarkozy n'aurait pas le courage de mettre des gens dans l'embarras. Plus gentil qu'on l'imagine, il rechignerait à leur faire de la peine ou du mal. Ce manque de courage se vérifierait quand il finit par se défaire d'un ministre ou d'un collaborateur : il ne l'annoncerait pas lui-même à l'intéressé.

Pour d'autres, dont l'analyse est beaucoup moins sentimentale, Nicolas Sarkozy ne vire pas les ministres qu'il juge « incompétents » par crainte de les voir « balancer » leur désillusion dans la presse. L'exemple de François Fillon fait référence.

Auteur de la réforme des retraites de 2003, devenu ensuite ministre de l'Éducation nationale, il n'a pas été reconduit dans le gouvernement Villepin. François Fillon en conçoit une grande rancœur et se jette dans les bras de Nicolas Sarkozy. « Ils ont fait de moi son directeur de campagne », lâche-t-il à chaud, très amer. Il ne cesse ensuite de poursuivre Jacques Chirac de sa vindicte. « Quand on fera le bilan des années Chirac, on ne se souviendra de rien, sauf de mes réformes », assène-t-il en juin, encore sous le coup de l'émotion. Un an plus tard, la déception n'est pas dissipée. François Fillon publie un livre dans lequel il règle de nouveau son compte à Dominique de Villepin. Son obstination sur le CPE constitue une « faute », que le futur Premier ministre de Nicolas Sarkozy attribue soit « à l'ignorance des ressorts profonds du pays », soit à une « trop grande confiance en soi » de son prédécesseur, dont il fustige « l'orgueil et la précipitation ».

Force est de constater que, dans un monde politique exposé à tous les vents mauvais et aux retournements d'alliance, mieux vaut garder certains dans la tente que leur donner l'occasion de déverser leur ressentiment depuis l'extérieur.

Ce serait en tout cas l'un des principes appliqués par Nicolas Sarkozy, sauf quand il croit pouvoir compter sur la fidélité du viré. Dans ce cas, les plus loyaux trinquent en silence, espérant que leur abnégation sera appréciée et récompensée.

Débarqué après les régionales de 2010, Xavier Darcos se tait, en espérant sa promotion en dehors du gouvernement, à la tête de l'établissement public du château de Versailles. Pressée de se présenter aux européennes, Rachida Dati espère toujours un retour en grâce à Paris, et semble disposer de quelques arguments dans sa besace.

Car Nicolas Sarkozy a le pouvoir de défaire, mais aussi de faire les carrières ministérielles. Le pouvoir de nommer n'est soumis à aucun contrôle, aucune règle. Le président de la République puise dans tous les viviers, selon son bon vouloir.

Rachida Dati, qui n'avait aucune expérience parlementaire ou ministérielle, s'est ainsi retrouvée propulsée à la tête d'un des ministères régaliens les plus importants de la République. Les portraits de la nouvelle venue louent sa compétence dans la magistrature, mais c'est son profil personnel qui plaît à Nicolas Sarkozy, quand il révèle sa trouvaille à l'un de ses amis. Une « beurette » qui a de la « classe » ! L'idée, soufflée par Cécilia et Alain Minc, lui paraît « géniale ». Il n'est pas nécessaire pour elle d'avoir une expérience ministérielle longue comme le bras, elle sera bien épaulée et encadrée par son cabinet. Sa mission ne réclame pas beaucoup d'imagination ou d'initiative, il lui est simplement demandé d'exécuter fidèlement les consignes de l'Élysée.

La nomination de ministres issus de l'immigration tient lieu de politique. Quand il renonce à un grand plan Marshall des banlieues, pourtant particulièrement en souffrance à cause de la crise économique et financière, Nicolas Sarkozy explique que la nomination de telles personnalités « constitue un fait historique nécessaire pour que le sentiment d'appartenance à une même nation soit fort. C'est un fait absolument nécessaire pour que les quartiers comprennent que chacun a sa place. » Que les jeunes issus de l'immigration considèrent que ce nécessaire n'est pas suffisant, et ne résout pas tout, est une autre histoire.

Aux yeux du château, les ministres occupent des postes politiques dans lesquels ils doivent s'illustrer sur le plan... politique. Le mot « politique » est à prendre dans un sens particulier. Il ne s'agit pas d'imaginer un dessein ou des réformes en toute autonomie. La feuille de route est celle que le président de la République a couchée par écrit dans le courant de l'été 2007, avec des objectifs précis pour chaque ministère, comme dans une entreprise privée. Un style de management qui se fera doucement oublier au cours du mandat. Désormais, la feuille de route s'écrit au fur et à mesure de l'avancement du quinquennat et des priorités imposées par le chef de l'État. La réforme du service public audiovisuel ne figurait pas sur la feuille de route de la ministre de la Culture, ni même dans le programme présidentiel. Cela n'a pas empêché cette réforme de devenir une priorité de l'exécutif par le bon vouloir de Nicolas Sarkozy.

Les ministres doivent donc faire de la politique. C'est-à-dire occuper le terrain. Aux dires de certains, qui s'en accommodent avec regrets, les réunions de directeurs de cabinet ou de chefs de service de communication ressemblent plus à des rencontres de voyagistes qu'à des confrontations de réflexions stratégiques. Chacun égrène la liste des déplacements de son ministre et de ses rendez-vous médiatiques, sans développer la moindre problématique de fond. En sarkozie, un ministre qui va sur le terrain et relaie son action dans les médias est un bon ministre. La réflexion et les choix relèvent du président. Les ministres peuvent apporter leur contribution, ils sont toujours associés à la décision, mais c'est le président qui décide, et les conseillers de l'Élysée qui préparent sa décision.

Les ministres se font à cet état de fait. Une fois les éléments de langage distribués au cabinet par les conseillers élyséens, il suffit d'en faire un bon usage politique. Certains se démènent pour se tailler un petit espace personnel dans leur secteur. La plupart finissent par se couler dans ce moule finalement assez confortable. Au fil du temps, l'envie de sortir du lot s'émousse. Avoir été contredit une ou deux fois publiquement par le chef de l'État est usant. Et quand un ministre fait de la résistance, prétend mener lui-même la réforme dont son ministère a la responsabilité, il ne fait pas le poids face aux puissants conseillers élyséens. Ce serait la véritable cause du départ de Xavier Darcos. L'ancien ministre de l'Éducation s'est opposé à Raymond Soubie qui doutait de sa capacité à nouer le dialogue avec les syndicats. « Je ne peux pas faire cette réforme avec Darcos ! » aurait-il prévenu le chef de l'État. C'est l'interprétation faite par les autres ministres du limogeage de Xavier Darcos. Il n'y a pas là de quoi encourager l'esprit d'initiative. Les ministres font du bruit médiatique, mais pas de vagues politiques.

Même le G7 a fini par disparaître. Il avait été créé en 2008. À l'automne de cette année-là, la situation personnelle de Nicolas Sarkozy est stabilisée, mais il sent qu'il doit reprendre la main sur le plan politique. Il sélectionne un groupe de sept ministres, qu'il considère habiles politiquement, pour nourrir des réunions de réflexion sur la stratégie et la communication de l'exécutif. Mais il commet un impair de taille, le Premier ministre n'y est pas convié, ce qui est assez cavalier. L'opération est également victime du manque de discrétion de ces chouchous qui ne savent pas cacher leur bonheur d'avoir l'honneur de faire partie de ce club des préférés du président. Dans un système où tout procède du chef de l'État, être en cour est la carte de visite la plus courue. Trop médiatisées, les réunions du G7 s'espacent et disparaissent de l'agenda présidentiel. Elles sont désormais organisées par Claude Guéant.

Les fidèles du président de la République n'ont plus de rendez-vous particuliers, mis à part les petits déjeuners de la majorité où seul domine le point de vue présidentiel. Le Premier ministre réunit très rarement ses ministres en séminaires, ou alors pour des réunions de pure forme. En réalité, le gouvernement n'a pas de vie collective. En dehors du Conseil des ministres, où ne siègent qu'exceptionnellement les secrétaires d'État, et les séances de questions au gouvernement, les ministres ne sont pas conduits à travailler souvent ensemble. Certains ne voient quasiment jamais le Premier ministre !

D'ailleurs, les ministres entre eux ne croient pas vraiment à leur poids respectif. Ce sont des ministres qui l'assurent, en confidence évidemment ; Claude Guéant est le véritable Premier ministre ; Raymond Soubie, le conseiller social, est celui qui mène la réforme du système des retraites, Éric Woerth se bornant à l'incarner ; Patrick Ouart, l'ancien conseiller à la Justice, était le véritable garde des Sceaux ; Jean-David Levitte mène la politique étrangère, avec Claude Guéant, en ne laissant qu'un rôle de représentation au ministre Bernard Kouchner.

Les ministres d'ouverture, sauf à avoir adhéré à l'UMP, comme l'ancien socialiste Éric Besson, sont donc bien seuls. Mais Nicolas Sarkozy sait apaiser leur vague à l'âme. Il renforce leur position d'obligés. Et les garde au gouvernement, quoi qu'en disent les élus UMP et leurs électeurs. Ils sont la marque de fabrique de Nicolas Sarkozy.

Le chef de l'État est convaincu que les ministres d'ouverture l'immunisent contre l'injure qui a tant coûté à Jacques Chirac. L'ancien président était accusé d'incarner l'État RPR. François Mitterrand, quand il officialise sa candidature à la présidentielle en 1988, avait lancé une violente diatribe contre « les clans, les bandes, les factions qui menacent la paix civile ». Fidèle à son précepte de toujours s'imprégner des erreurs de ses aînés pour ne pas les renouveler, Nicolas Sarkozy justifie l'ouverture par son refus du sectarisme et sa volonté de rassembler une France « apaisée ». Le terme choisi fait tout à fait contrepoint à l'expression de « paix civile » retenue par François Mitterrand.

La stratégie du casting fonctionne tout autant pour l'affirmation de la diversité culturelle que pour cet affichage politique. Il n'est pas demandé à Bernard Kouchner d'incarner une politique étrangère teintée de rose, mais plus simplement de garantir l'esprit d'ouverture de Nicolas Sarkozy. Les nominations de Georges Tron, proche de Dominique de Villepin ; de François

Baroin, ami de Jacques Chirac ; de Xavier Bertrand ou Éric Woerth, proches à l'époque d'Alain Juppé, ne visent qu'à affaiblir un rival. S'ils deviennent sarkozystes, et se montrent habiles, ils montent en grade. S'ils ne révèlent pas de qualités politiques particulières et ne rapportent rien à leur mentor, ils restent quand même. Les renvoyer pourrait libérer le seul pouvoir qui leur reste : le pouvoir de nuisance. D'ailleurs les ministres, même mauvais, et peut-être plus encore les mauvais, tiennent à leur titre. Ils ont trop peur d'être virés pour avoir dit un mot plus haut que l'autre. Ils deviennent tout simplement des courtisans.

À une ou deux exceptions près, les ministres d'ouverture peuvent dormir tranquilles. À condition de bien incarner cette France diverse et apaisée, ils n'ont aucune raison d'être sacrifiés. Les renvoyer reviendrait à signer un retour au clanisme. Par conséquent, pour donner le sentiment du mouvement, Nicolas Sarkozy préfère bouger ces ministres forts en images à l'intérieur de l'équipe que de les en sortir pour faire entrer de nouveaux visages.

Ils sont bien loin, les ministres de mission envisagés par Nicolas Sarkozy au début de son mandat ! La Constitution avait même été révisée dans ce but. Désormais, tout parlementaire devenu ministre, et qui est débarqué, peut retrouver son siège d'élu. Cette facilité aurait permis de nommer des ministres affectés à une mission précise, pour une durée limitée. Une fois leur devoir effectué, ils pouvaient espérer une nouvelle promotion gouvernementale, ou un retour à l'Assemblée ou au Sénat, dans l'espoir d'une nouvelle mission. Le turnover aurait pu être important, et, en nourrissant les ambitions ministérielles des élus, garantir leur bonne conduite, qu'ils siègent au gouvernement ou au Parlement. L'idée n'a pas eu de suite. Car pour faire entrer, même pour un temps limité, de nouvelles recrues au sein de l'équipe Fillon, encore faut-il en faire sortir !

Mais plus le temps passe, plus la prochaine présidentielle approche, plus le nombre de ses éventuels concurrents augmente, et plus Nicolas Sarkozy nomme des ministres au gouvernement, sans en écarter. « Pour lui, nommer un ministre, c'est désarmer un rival. En devenant ministre, il cesse d'être dangereux », explique un ministre qui se sent lui-même dans cette posture.

À force de garder l'un pour ne pas le voir déverser sa bile dans les médias, un autre pour ne pas être accusé de sectarisme, un autre encore pour ne pas être accusé de renoncer à la représentation de la diversité, Nicolas Sarkozy a tendance à nommer des gouvernements de plus en plus nombreux. Après son élection, le président de la République nomme un gouvernement resserré de vingt membres, quinze ministres, quatre secrétaires d'État et un haut-commissaire. Après les législatives, toujours en 2007, le nombre de secrétaires d'État explose. Il passe de quatre à quinze. Le gouvernement rassemble trente et une personnes. Au printemps 2010, après de multiples réajustements et le remaniement consécutif aux régionales, il compte deux ministres d'État, dix-huit ministres, et dix-neuf secrétaires d'État. Le gouvernement compte alors quarante personnes ! En trois ans, depuis l'élection de Nicolas Sarkozy, il a doublé de volume !

La cible mouvante

Faire de la politique, c'est combattre. L'art de la politique, c'est l'art de la guerre. Ce postulat n'est pas le fruit d'une réflexion ou d'une théorisation ; il correspond plus simplement à une façon d'être. Nicolas Sarkozy s'est tellement battu pour avancer dans la vie qu'il ne conçoit pas l'idée de progresser autrement que par le choc du combat. Il est persuadé d'avoir vaincu l'adversité, d'avoir eu raison de ce sentiment d'illégitimité qui a toujours pesé sur ses épaules. Il ne se reconnaît, il n'existe, que dans la confrontation. Il a besoin de cogner sur un ennemi. Le compromis, qui ne désigne pas de vainqueur, n'appartient pas à sa culture. Pas plus que la neutralité. On est avec Nicolas Sarkozy, ou l'on est contre Nicolas Sarkozy.

Son caractère ne le porte pas à s'identifier à de grandes figures politiques, mais dans sa carrière d'homme pressé, il a quand même pris le temps de consacrer un livre biographique à Georges Mandel. Tout portrait est un choix, et celui que dresse Nicolas Sarkozy est intéressant, car il révèle la personnalité de Mandel, mais aussi celle de son biographe. La volonté de Nicolas Sarkozy, à travers cette étude, est d'abord de corriger une « injustice » et l'« oubli » d'une vie exemplaire pour la France. Georges Mandel fut l'un de ceux qui tentèrent en vain d'alerter sur le danger nazi, il fut aussi un visionnaire en pressentant l'influence future de la télévision et des médias. Nicolas Sarkozy relate aussi la complexité de Georges Mandel, son caractère insaisissable sur le plan humain, son « orgueil d'écorché vif ». Il ne cache pas son admiration pour cette vie dédiée à la France et à la politique. Le biographe loue une « ténacité et une intelligence tout entières mises au service de l'amour du combat ». Tiens donc, Nicolas Sarkozy aurait donc un maître en la matière ? « Sa vie durant, poursuit Nicolas Sarkozy, il lui faudra agir. Agir pour vivre. Agir sans mesure. Agir enfin pour transcender un physique souvent décrit comme ingrat [...]. »

Le premier engagement politique du jeune Louis Rothschild (son vrai patronyme, sans rapport avec la famille de banquiers, abandonné plus tard pour le nom de sa mère) est en faveur de l'officier Alfred Dreyfus, injustement condamné à la déportation avant d'être gracié, quand le jeune Georges Mandel est adolescent. Nicolas Sarkozy le décrit découpant, classant et collectionnant soigneusement les articles de *L'Aurore*, puis, fort de sa mémoire exceptionnelle, les récitant à ses camarades de classe. Un autre hypermnésique ?

Les points communs avec Nicolas Sarkozy sont-ils de simples coïncidences, ou bien la cause de sa passion pour ce personnage, auquel il ressemble tant ? La seconde hypothèse paraît crédible. Georges Mandel se lance d'abord dans le journalisme, où se révèlent ses qualités futures. Dans ses articles, « les références historiques sont nombreuses, l'argumentation serrée, le sens de la polémique et du débat évident. Il affiche des convictions qui lui sont propres et qui le resteront. » L'ambitieux définit sa stratégie, toujours selon Nicolas Sarkozy : « Il lui faut avoir accès à un homme politique de haut niveau. Il sera entraîné dans son sillage. Il pourra alors exister. » Georges Mandel se fait embaucher à *L'Aurore*, dirigée par Georges Clemenceau, se rend indispensable, et entre dans la carrière politique.

Poursuivons la description, avec la révélation de la vocation politique de Georges Mandel par Nicolas Sarkozy : « Il s'est battu pour convaincre. Il n'oubliera plus jamais. Il s'était inoculé le virus. L'odeur enivrante du combat ne le quittera plus. »

La similitude des deux parcours, narrés par Nicolas Sarkozy, est significative de sa vision de la politique. Une vocation, la formation auprès d'un ancien, et la description de l'essence de la politique, perçue avant tout comme un virus, un combat enivrant.

Cette approche se retrouve dans la conception de Nicolas Sarkozy de la société, et des grands enjeux qui la traversent. Sa vision est assez manichéenne, il y a le bien et le mal, les gentils et les méchants, ce qui est bon et ce qui est mauvais, ce que l'on valorise et ce que l'on réprime. Cela ne peut être que tout l'un ou tout l'autre. La société est divisée en deux mondes tellement hermétiques l'un à l'autre qu'ils en sont irréconciliables.

Les discours sur l'ouverture et le débauchage de quelques personnalités de gauche ne changeront rien à cette vision clivée et clivante de la société, et de l'échiquier politique. Nicolas Sarkozy sait séduire des individualités, mais il ignore les chemins du compromis avec une famille de pensée politique.

Prenons un exemple récent. Le président de la République lance le débat sur la réforme des retraites. Tout le monde est d'accord sur le constat : si rien ne change, le système explose. Sur la forme, Nicolas Sarkozy assure rechercher le dialogue avec l'opposition de gauche. Il promet que des consultations vont être menées dans un esprit constructif. Dans les faits, sous sa houlette, la majorité ne sait qu'affronter et combattre l'adversaire de gauche. Les socialistes se méfient, et ne veulent pas abattre leurs cartes avant que le gouvernement ait annoncé sa mise. Ils sont aussitôt accusés de ne rien avoir à proposer. Martine Aubry finit par dévoiler une série de mesures. Elles sont aussitôt jugées plus irresponsables les unes que les autres. Aucune discussion n'est possible.

En revanche, avec les syndicalistes, Nicolas Sarkozy entretient une relation de bonne entente. Toutefois, il ne s'agit pas vraiment de discussions mais de négociations autour d'un rapport de force. Nicolas Sarkozy a besoin que les syndicats soient assez forts pour structurer et maîtriser le mouvement social. Il allonge la durée de cotisation pour les régimes spéciaux en 2007. Mais l'année suivante, il leur fait un « beau cadeau », selon l'expression d'un expert en sarkozie, quand il leur offre la loi sur la représentativité syndicale. Le texte est même salué dans les colonnes de *L'Humanité*. Il définit plusieurs critères, dont l'un était particulièrement réclamé par la CGT et la CFDT, mais décrié entre autres par l'UNSA, mouvement autonome qui concurrence les précédents. Désormais la représentativité prend en compte l'ancienneté du syndicat, au moins deux ans, et son audience, c'est-à-dire son poids électoral dans l'entreprise.

Les syndicats sont respectés par Nicolas Sarkozy, traités avec égard. Quand Nicolas Sarkozy prépare le G20 sur la crise financière mondiale à l'automne 2008, quelles sont les organisations invitées à l'Élysée pour réfléchir à la refondation du système financier ? Le sujet semble éminemment politique, et pourtant ce ne sont pas les représentants des formations siégeant à l'Assemblée nationale que Nicolas Sarkozy reçoit. Il leur préfère les organisations syndicales. Nicolas Sarkozy ne craint pas de les flatter, au contraire. Quelle que soit leur combativité, elles organisent et canalisent le mouvement social. Leur calendrier électoral n'est pas le même que le sien. En revanche, valoriser les partis politiques de ses opposants serait dangereux. En les invitant à exposer leur point de vue sur la refondation du système financier, dont elles auront pourtant à débattre au Parlement, Nicolas Sarkozy leur donnerait l'occasion de s'illustrer sur un sujet qu'il a fait sien.

Nicolas Sarkozy esquive perpétuellement le débat politique constructif. Bien sûr, il sait affronter l'adversaire. C'est le seul homme politique de droite qui ait su clouer le bec de Jean-Marie Le Pen, lors de l'émission *100 minutes pour convaincre*. Une formule que Nicolas Sarkozy a toujours affectionnée. Elle semble taillée sur mesure pour son style de communication. Après une première partie durant laquelle il déclinait ses projets, l'invité se voyait proposer un combat frontal avec un contradicteur, qui l'interpellait sur des points précis. Nicolas Sarkozy n'a pas son pareil pour renvoyer ses objecteurs dans les cordes. Il leur retourne leurs propres arguments en plein visage, quitte à les caricaturer. À un défenseur de la police de proximité, supposée mieux connaître la population grâce, notamment, à des activités sportives, il rétorquera d'un trait définitif : parce que vous croyez que le rôle d'un policier est de passer ses journées à jouer au football avec les jeunes du quartier ? Une journaliste compare les revenus d'Henri Proglio à la tête d'EDF au revenu de base d'un salarié de l'entreprise. Il réplique qu'il pourrait lui demander son salaire, et le comparer à celui d'un smicard. « Cela choquerait beaucoup les téléspectateurs », conclut-il d'un sourire narquois.

Il claque, mais il esquive les grands et fastidieux débats de fond. C'est la stratégie de la cible mouvante.

Il l'expliquait spontanément au début des années 2000, quand il attendait le retour de la droite au pouvoir. « Ma force, c'est que je ne suis jamais là où on m'attend. J'ouvre tous les fronts en même temps. On m'attaque, ici, je réponds là. C'est toujours moi qui choisis le terrain. Ce qui fait que j'ai toujours un coup d'avance. »

Quand une polémique prend de l'ampleur, Nicolas Sarkozy en lance une autre. L'exemple le plus remarquable est celui de la réforme de France Télévisions en janvier 2008. Pour la première et dernière fois, le chef de l'État a choisi de tenir une conférence de presse pour marquer le début de l'année, en lieu et place de la traditionnelle cérémonie des vœux de la presse. Il l'a placée sous le signe de « la politique de civilisation ». De façon plus prosaïque, le président de la République est surtout attendu sur la question de la vie chère. Il avait promis qu'il serait le « président du pouvoir d'achat », mais les Français ne voient pas leur porte-monnaie se gonfler, au contraire. Nicolas Sarkozy n'a guère de réponses à apporter. Pire, il s'emporte, et lance une formule qui semble signer son impuissance: « Qu'attendez-vous de moi, que je vide des caisses déjà vides ? » L'année 2008 pourrait donc s'ouvrir de bien mauvaise manière pour Nicolas Sarkozy, mais heureusement il a une annonce forte dans sa besace. Grâce à elle, il va déstabiliser la gauche, et secouer le monde de l'audiovisuel. Nicolas Sarkozy a décidé de supprimer la publicité sur les chaînes publiques. Personne n'était au courant, pas même la ministre concernée.

Comme son nom l'indique, la stratégie de la cible mouvante impose de se mouvoir rapidement, pour éviter les flèches, quitte à surprendre son propre camp. Une fois sa bombe lancée, Nicolas Sarkozy laisse la polémique prospérer. Ce n'est qu'un mois et demi après qu'il charge une commission de réfléchir à la réforme qu'il a d'ores et déjà annoncée.

Susciter des polémiques de diversion demande de l'imagination. Parfois, Nicolas Sarkozy se contente de reproduire un coup qui a bien fonctionné. Cela ne marche pas toujours.

Lors de son investiture, il avait rendu hommage à Guy Môquet, ce jeune communiste fusillé à dix-sept ans en 1941 par les Allemands. Il avait même décidé de rendre obligatoire, dans les écoles et les lycées, la lecture d'une des lettres qu'il avait écrites pendant sa captivité. En choisissant une figure communiste, Nicolas Sarkozy avait embarrassé la gauche. Il lui était très difficile de contester l'hommage à l'un des leurs, quasiment un enfant mort en héros de la Résistance.

En février 2008, Nicolas Sarkozy peine toujours à se sortir des enjeux économiques et sociaux. Il lance une proposition choc concernant l'enseignement de l'histoire et la Seconde Guerre mondiale. Il se rend au dîner annuel du Crif, le Conseil représentatif des institutions juives de France, et, devant ce public qu'il peut considérer comme acquis, décide que chaque enfant devra parrainer et se souvenir d'un enfant juif déporté de son âge. L'improvisation révèle des faiblesses. Est-ce bien le rôle du chef de l'État de décider seul et sans concertation du contenu de programmes scolaires ? L'enseignement de cette période présente-t-il véritablement les lacunes auxquelles Nicolas Sarkozy prétend remédier ? La proposition est corrigée, élargie, et devient même plus floue. Quand Simone Veil déclare y être opposée, elle est remisée dans le tiroir des idées à oublier. La polémique, stérile s'il en est, a quand même occupé le terrain pendant un mois.

Cette stratégie du changement de pied permanent a longtemps permis à Nicolas Sarkozy d'imprimer son rythme à la vie politique française. Lors de son accession à l'Élysée, son calendrier a neutralisé l'opposition. L'ouverture a déstabilisé la gauche. L'accumulation de réformes et de polémiques a fini par la rendre aphone. Autant le fait de lancer réforme sur réforme est positif pour un gouvernement, autant le fait de multiplier les polémiques est négatif pour l'opposition.

Un gouvernement qui accumule les textes de loi est un gouvernement qui travaille et fait des choix. Bonnes ou mauvaises, ses actions ont le mérite d'exister. C'est ce que Nicolas Sarkozy et les siens serinent sans discontinuer en critiquant la passivité des prédécesseurs, qu'ils soient de droite ou de gauche. La vieille rengaine sur l'immobilisme des gouvernants devient inopérante. Quant à se prononcer sur le contenu de ces réformes, elles se succèdent à une telle vitesse que personne n'en prend véritablement le temps.

Dans le même moment, la gauche se retrouve dans la posture de l'opposition systématique, qui ne sait que polémiquer et dénoncer les textes du gouvernement, sans avoir le temps de dire pourquoi. D'ailleurs, au sein de la majorité, personne ne prend la peine de répondre sur le fond. La repartie de la majorité tient en quelques formules : « Vous n'avez rien à proposer. Vous n'avez rien fait pendant des années. Vous pourriez avoir l'honnêteté de reconnaître que nous, nous avons le mérite d'agir, alors que vous n'avez jamais eu le courage de vous saisir de ce problème. » Toutes les semaines, les séances de questions au gouvernement se suivent et se ressemblent. Un dialogue de sourds inlassablement recommencé.

Quand la polémique sur le fond semble prendre, Nicolas Sarkozy ouvre un autre front, et l'opposition s'égosille de nouveau, sans convaincre.

Si Nicolas Sarkozy a ouvert beaucoup de chantiers en même temps, c'est autant pour diluer les critiques dans un brouhaha de polémiques systématiques que pour être certain de les mener à bien.

En réalité, bien des réformes sont lancées, leur mise en œuvre amorcée, mais pas accomplie. Combien de fois la même mesure a-t-elle été annoncée ? À force de survoler les dossiers, l'opinion a la mémoire courte, et prend pour une nouveauté ce qui n'est que redite.

Mais cette stratégie touche sa limite. Elle ne donne pas de lisibilité à la politique de Nicolas Sarkozy. À mi-mandat, faute de mesures ou de lois emblématiques, le bilan de son action reste flou, sans aspérité, sans lisibilité. Même les Français, pourtant peu férus de politique étrangère, savent que Barack Obama s'efforce de mener une réforme sans précédent du système de santé américain, et s'emploie à discipliner les marchés financiers. Il est difficile d'ignorer que, en Allemagne, Angela Merkel est intransigeante sur la rigueur budgétaire. Que dire de Nicolas Sarkozy ? Qu'il est l'homme qui a lancé toutes les réformes que ses prédécesseurs avaient laissées sous le tapis ? L'homme qui a bousculé l'inertie des institutions européennes ? L'homme qui affronte l'intégrisme islamiste ? Autant d'actions inscrites dans la confrontation avec des institutions ou des hommes, mais pour quel résultat concret ?

Si l'on cherche des actions qui se tiennent en elles-mêmes, sans adversaire dénoncé, telles qu'elles étaient annoncées dans le projet du candidat, le bilan est plus nuancé. Des lois ont bien été proposées, examinées, discutées, et votées ; la difficulté, c'est que leur portée est diversement appréciée. Le pouvoir d'achat a-t-il augmenté ? Celui des plus faibles ne cesse de baisser, accuse l'opposition. La cause environnementale a-t-elle progressé ? Si peu, répondent les associations écologistes. Le service minimum dans les transports existe-t-il ? Pas vraiment, répondent les usagers entassés et en retard au travail. Les trente-cinq heures ont-elles été abolies ? Vidées de leur substance, mais pas rayées du droit du travail, regrettent les libéraux.

La stratégie de la cible mouvante oblige Nicolas Sarkozy à faire des annonces fracassantes. Mais les textes de loi qui les traduisent sont souvent moins spectaculaires. Et encore, ils ne suivent pas toujours. En janvier 2009, alors qu'il a désigné un comité chargé de réfléchir à la réforme du code pénal et de sa procédure, et de lui remettre un rapport quelques semaines plus tard, le chef de l'État court-circuite ce comité et se prononce en faveur de la suppression du juge d'instruction. Il a besoin d'une annonce pour se sortir de la lancinante polémique sur les effets de sa politique économique et sociale après la crise financière internationale. Le monde judiciaire s'emballe, l'opposition aussi. Nicolas Sarkozy est accusé de vouloir s'attaquer au principe d'indépendance de la justice. Les mois passent. Au début de l'année 2010, la ministre de la Justice Michèle Alliot-Marie est chargée d'élaborer cette réforme. Nouvelle polémique. Et puis plus rien ! Le texte disparaît de l'ordre du jour du Conseil des ministres. Une autre polémique a éclaté sur les conditions et le recours croissant aux gardes à vue. La justice n'est pas le bon terrain de débat. Inquiet de l'attitude de l'électorat âgé lors des régionales, Nicolas Sarkozy préfère lancer la réforme des retraites, puis de la dépendance. Exit le code pénal !

Le solde n'est guère positif pour l'exécutif. Nicolas Sarkozy a essuyé une polémique assez lourde, puisqu'elle touche ses intentions personnelles dans un domaine régalien. Il est soupçonné de vouloir museler la justice. Lui qui se faisait le champion d'une « République irréprochable » a quelque peu taché son habit qu'il voulait immaculé. Il paie le prix fort, pour une loi qui n'existe même pas.

À la longue, la stratégie de la cible mouvante connaît des ratés. En multipliant les fronts, elle multiplie les angles d'attaque. Or, courir en zigzag ne garantit pas d'éviter toutes les balles perdues.

Le déstabilisateur

« Nicolas Sarkozy n'est pas aimé des Français, mais il ne le cherche pas. Sa dignité est de ne pas faire de concessions en vue d'obtenir l'amour des Français. »

« Le désamour actuel, c'est comme entre un homme et une femme. Quand on a cessé d'aimer parce qu'on a été déçu, c'est difficile d'y croire encore. On a beau le vouloir, on n'y arrive pas. »

Ces deux jugements sont émis par deux personnalités de la majorité, très favorables à Nicolas Sarkozy. Pour décrire l'impopularité du chef de l'État avant les régionales de 2010, la référence à l'amour leur vient spontanément.

Le combat politique que croit mener Nicolas Sarkozy ne serait-il, en réalité, que la quête d'une grande histoire d'amour avec les Français ?

Il est vrai que l'homme est un séducteur, au sens large du terme. Il affronte, confronte, mais la plus belle des victoires est celle qui conduit son adversaire à reconnaître ses mérites et adhérer à son style. Amour et haine ne sont que le recto et le verso d'une même médaille. Face à la haine, plus simplement l'antipathie ou le rejet de ses idées, Nicolas Sarkozy cherche à retourner la médaille. Ce qui induit une personnalisation du débat. Nicolas Sarkozy ne sait pas se battre contre des idées abstraites. Dans son discours, les marchés financiers deviennent « spéculateurs » qui « doivent savoir qu'ils en seront pour leurs frais ».

Il connaît parfaitement la nature intime de l'homme, et n'a pas son pareil pour embobiner les plus méfiants. C'est un séducteur instinctif. Il a besoin de voir, sentir, toucher, entendre pour comprendre la force intime de l'autre, et le séduire en jouant sur ses cordes sensibles. Il ne va pas forcément chercher ce qu'il y a de meilleur en l'autre, mais plutôt ce qui fait sa fragilité.

Ses conseillers le constatent souvent. Quand il lit une note ou un article qui l'intéresse, il demande à en voir l'auteur, pour mieux comprendre sa pensée. Il ne s'agit pas seulement d'échanger des idées, Nicolas Sarkozy veut lire un regard, sentir l'assurance du propos, et entendre les hésitations de la voix qui exprime cette idée. En retour, il a besoin de toucher l'épaule ou le bras de celui qu'il cherche à convaincre pour mieux capter et retenir son attention. Angela

Merkel a mis quelque temps à comprendre ce comportement tactile, plus habituel autour de la Méditerranée que dans le nord de l'Europe.

Nicolas Sarkozy est redoutable dans l'art d'emmener ses détracteurs sur son terrain, de les obliger à réfléchir selon ses règles.

Mieux que tout autre, il perçoit les ambitions, et les failles, des politiques en passe de quitter leur camp. Bien avant que Ségolène Royal maltraite publiquement Éric Besson, il avait perçu la frustration de ce socialiste en mal de reconnaissance. Quand il a compris que la candidate du PS ne lui donnerait jamais un poste à la mesure de son appétit de pouvoir, Éric Besson n'a eu qu'à céder aux sollicitations pressantes de Nicolas Sarkozy.

Chez Bernard Kouchner, il a perçu une autre frustration du « French doctor » préféré de François Mitterrand, celle de n'avoir jamais obtenu le titre ministériel qui seyait à son costume aux couleurs internationales. Il en a fait un ministre des Affaires étrangères d'apparat, régulièrement méprisé par le diplomate élyséen en charge de ce secteur, mais si satisfait de son rang diplomatique quand il parcourt le monde au nom de la République française.

Le cas de Jean-Marie Bockel est comparable. La lassitude de l'ego est un moteur inépuisable. À cinquante-sept ans, le maire de Mulhouse constitue à lui seul l'aile droite du PS. Il se rêve en Tony Blair français. Il a compté ses troupes lors du congrès du PS au Mans en 2005. Las, son courant représente à peine plus de 1 % des militants socialistes. Autant dire que personne ne le considère comme incontournable au pays de la rose au poing. Nicolas Sarkozy lui offre une dernière chance d'être ministre en 2007.

Beaucoup de socialistes ont fait le calcul: avec l'élection de Nicolas Sarkozy, la gauche en prend pour cinq années, si ce n'est dix, d'opposition. Les quinquagénaires, qui avaient cru leur tour enfin arrivé en 2002, ne cessent de ronger leur frein. Ils n'en peuvent plus de ce parti qui, de Jospin à Royal, ne leur sert que des présidentiables de tous les espoirs, mais qui ratent immanquablement le coche présidentiel. Combien de temps va-t-il encore leur falloir attendre ? Du PS en 2007, il ne reste plus grand-chose, si ce n'est un parti condamné aux querelles de chefs, et abonné à l'échec aux élections nationales. Nicolas Sarkozy connaît bien ces impatiences, et cette crainte de voir la porte du pouvoir se refermer définitivement sur les ambitions ministérielles des moins jeunes. Il leur ouvre cette porte. Il flatte leur ego, leur assure combien il connaît leurs qualités, et leur propose de le rejoindre. Sans renier leurs conviction, cela va de soi !

C'est un bien étrange engagement politique que d'être fidèle à des convictions de gauche dans un gouvernement de droite. Mais la force de conviction sarkozyste est telle qu'ils croient surmonter ce paradoxe.

Ces nominations pourraient être considérées comme de simples débauchages, sans réelle portée sur la famille d'origine de ces repêchés. Après tout, si elle avait été élue, Ségolène Royal se serait sans doute bien passée des talents d'Éric Besson, Jean-Marie Bockel, Bernard Kouchner et autres Claude Allègre, Michel Rocard ou Jack Lang. Mais Nicolas Sarkozy les exhibe dans son triomphe, comme des prises de guerre déterminantes. L'effet de souffle est d'autant plus dévastateur à gauche que l'Élysée entretient savamment la rumeur sur d'autres nominations d'ouverture. Un patronyme peut tenir lieu de brevet socialiste. Frédéric Mitterrand n'a jamais adhéré au PS, tout juste adhérait-il au mitterrandisme. Son arrivée au gouvernement est vécue comme un nouveau signe de la maladie chronique de la gauche. L'ouverture est un cancer qui ronge et affaiblit de l'intérieur le parti socialiste.

Traumatisés par une nouvelle défaite à la présidentielle, les socialistes sont en état de choc. Ils sont incapables de hiérarchiser leurs critiques face à l'accumulation d'annonces gouvernementales. Ils donnent le sentiment de répéter constamment une vieille rengaine. Toujours animés par des arrière-pensées, ils ne parviennent pas à se doter d'un chef légitime qui impose le calme dans leurs rangs. Les socialistes sont comme asphyxiés par

Nicolas Sarkozy. Ils manquent d'air et se débattent sans réfléchir.

Mais Nicolas Sarkozy n'en reste pas là. Non seulement il déstabilise les rangs socialistes en donnant le sentiment de les décimer, mais il les affaiblit encore plus en valorisant les autres composantes de la gauche.

Olivier Besancenot n'a jamais fait autant parler de lui depuis 2007. Le facteur de Neuilly décroche même un portrait dans *Paris-Match*. Il devient celui qui talonne le PS. Ses joues rondes et son sourire juvénile sont supposés séduire ceux que les rivalités de la rue de Solférino écœurent. En même temps, son discours trotskiste fait frémir les électeurs de droite, que le rempart sarkozyste rassure opportunément. Pourtant, à regarder les scores de l'extrême gauche, rien ne traduit un renouveau de l'engouement vers les amis d'Olivier Besancenot ou d'Arlette Laguiller. Ils ont fait un carton à la présidentielle de 2002, mais cette élection était très particulière. Elle s'est montrée très favorable aux extrêmes. Arlette Laguiller dépasse largement les 5 %, Olivier Besancenot accroche un bon 4 %. Mais la décrue s'amorce en 2004, les listes communes d'extrême gauche ne recueillent que 2,5 % aux élections européennes. Olivier Besancenot détrône Arlette Laguiller au scrutin présidentiel de 2007, avec 4 % des voix devant l'égérie des « travailleuses, travailleurs » en fin de carrière. Le tout sur fond d'effondrement du parti communiste.

Nul ne prétend que l'extrême gauche a disparu, mais de là à désigner Olivier Besancenot comme le futur héros de toute la gauche, il y a un pas... que la majorité UMP n'hésite pas à franchir, tant il pénalise les socialistes. D'autant que la France, comme le reste du monde, essuie une crise financière internationale sans précédent. Nicolas Sarkozy se démène et incarne désormais un discours étatiste. La puissance politique doit réguler les marchés financiers. Cet interventionnisme économique est plutôt l'apanage de la gauche. Mais la gauche est coincée par un discours plus radical que le sien, celui d'Olivier Besancenot. Ses exigences affadissent considérablement les propositions du parti socialiste. Concurrencés sur leur droite par Nicolas Sarkozy qui entonne le refrain des sociaux-démocrates sur la régulation des marchés, contestés sur leur gauche par la surenchère d'Olivier Besancenot, les socialistes sont écartelés. Une nouvelle fois, ils sont divisés, inaudibles, et incompréhensibles.

Mais las ! Olivier Besancenot ne tient pas ses promesses. Aux élections européennes du printemps 2009, bien qu'ayant créé un nouveau parti, il ne parvient pas à incarner une alternative crédible au PS à gauche. Le leader d'extrême gauche reste à l'étiage habituel, moins de 5 %.

En revanche, les écologistes font une belle percée.

Puisque le discours anticapitaliste est passé de mode, Nicolas Sarkozy décide d'entonner le nouveau credo porteur, l'écologie.

Mais les Verts se révèlent plus retors que le pensait le chef de l'État. Pour prouver sa fibre écolo, Nicolas Sarkozy lance « la contribution énergie climat », selon la formule officielle, qui est aussitôt simplifiée sous le terme de « taxe carbone ». Il s'agit d'imposer un prélèvement sur l'émission de dioxyde de carbone, en vue de limiter l'effet de serre. L'idée ne peut qu'être saluée par les défenseurs de l'environnement de tout poil. Tandis que les socialistes se tortillent d'embarras sur leur chaise, ne sachant comment approuver une initiative sarkozyste sans paraître s'incliner, le président de la République déroule le tapis rouge à leurs concurrents verts. Leur secrétaire nationale Cécile Duflot est invitée à l'Élysée pour converser, avec le chef de l'État, sur cette belle décision sarkozyste. L'effet médiatique est retentissant. Chacun se presse pour immortaliser l'instant, tout à la gloire de cette nouvelle star de la politique. La petite Cécile Duflot entre dans la cour des grands.

Mais le Premier ministre, François Fillon, que l'Élysée a tendance à maltraiter en oubliant de ménager sa part médiatique sur les sujets porteurs, veut sa part de lumière. Il accorde un entretien au *Figaro Magazine* et, fort de son autorité de chef du gouvernement, assure que les arbitrages ont été rendus, notamment sur le prix de la tonne de CO_2. La teneur de l'interview est rendue publique plusieurs jours avant la parution de l'hebdomadaire.

Les Verts, qui savent que leur crédibilité est en jeu, ne peuvent se contenter de venir à l'Élysée pour le seul plaisir de damer le pion aux socialistes. Si les arbitrages sont déjà rendus, la rencontre ne sert à rien. Ils hésitent. Finalement, les écologistes maintiennent le rendez-vous, mais, dès le début de la réunion, ils demandent s'il est vrai que les arbitrages ont déjà été faits. Si Nicolas Sarkozy confirme le propos de François Fillon, ils ont prévu de mettre aussitôt un terme à l'entretien. Dans le huis clos de son bureau, Nicolas Sarkozy contredit son Premier ministre. Interloquée, Cécile Duflot insiste, repose la question. Non, non, elle a bien entendu, les arbitrages ne sont pas rendus. Nicolas Sarkozy a décidé de mettre les écologistes de son côté, il ne va pas barguigner pour ménager un Premier ministre qui n'avait qu'à tenir sa langue.

Mais la jeune écologiste est plus rusée qu'il l'imagine. À l'issue de l'entretien, Cécile Duflot annonce à la presse que le président de la République a désavoué son Premier ministre.

Un petit raté dans la stratégie élyséenne, qui aura des conséquences au sein de la majorité plus tard, mais pour l'heure l'objectif est atteint. L'enjeu environnemental divise les socialistes. Certains ont applaudi trop vite une mesure qui n'est pas aussi généralisée qu'ils le pensaient, et dont le résultat apparaît moins efficace qu'annoncé. Ségolène Royal reprend du poil de la bête, au détriment de Martine Aubry. Ajoutez un peu de parfum DSK, agitez le tout, et le shaker socialiste produit son traditionnel cocktail explosif de la guerre des chefs.

Diviser ses opposants pour mieux régner est une des armes favorites de Nicolas Sarkozy. Après l'extrême gauche, qui ne confirme pas son rôle de force alternative au PS lors des européennes de 2009, ce sont les écologistes qui suscitent la pagaille dans le camp socialiste.

L'opposition est fractionnée, et par conséquent peu crédible. Aucune de ses composantes n'apparaît en mesure d'incarner une alternative à Nicolas Sarkozy. Faute d'adversaire, le président de la République est seul sur la scène politique française. Il est convaincu de sa puissance. En réalité, c'est un faux-semblant. Nicolas Sarkozy règne sur une image plus virtuelle que réelle. Il ne voit que ce qu'il veut croire et ce que lui confirme son entourage.

Les socialistes sont inaudibles, mais pas aphones. Martine Aubry mène un travail silencieux, mais méticuleux en interne. Le PS ne critique plus tout n'importe comment.

Les Verts concurrencent le PS, mais pas au point d'être leurs premiers opposants. Chacun mène campagne de son côté aux régionales, mais en faisant attention à ménager les retrouvailles du second tour.

L'extrême gauche est bruyante, médiatique, mais pas fracassante dans les urnes.

Le déroulement des élections régionales surprend Nicolas Sarkozy. Il pensait décliner la même stratégie qu'aux européennes : ce que j'ai fait pour l'Europe, la majorité le fera pour la France ; ce que j'ai fait pour l'Europe, la majorité le fera pour les régions. Or Nicolas Sarkozy est isolé en son château, conforté dans ses certitudes par un entourage qui réfléchit comme lui, et il a vraiment cru que l'UMP avait gagné les élections européennes. Ce qui est faux. Certes l'UMP devance largement toutes les autres listes, mais la formation sarkozyste est en net recul par rapport au score de la présidentielle, avec, qui plus est, un total des voix de gauche majoritaire.

Une opposition émiettée ne veut pas dire une opposition inexistante. Ne pas avoir d'opposants visibles ne veut pas dire que l'on est tout-puissant. Nicolas Sarkozy a négligé sa majorité, ses électeurs, et ses amis politiques proches. Ils n'ont pas ressenti le besoin d'aller voter. Un ministre sarkozyste de longue date se désole : « Nicolas passe plus de temps avec Besson qu'avec moi. » Ce sentiment d'abandon est partagé par ses électeurs. L'ouverture menée par Nicolas Sarkozy, le temps qu'il a consacré à réduire ou à séduire la gauche, a laissé la majorité faire tapisserie au grand bal de la politique.

Les électeurs n'ont plus envie de mettre leurs habits du dimanche pour aller dans l'isoloir. À quoi bon dire sa flamme à un prétendant qui vous ignore ? Quand certains doutent du résultat des régionales, le président de la République le prend comme un affront personnel. Les sondages ne sont pas bons, mais il veut toujours y croire. La gauche, vu l'état dans lequel il l'a mise, ne peut conserver toutes ses régions ! Elle va bien en perdre une ou deux, ou trois même, qui permettront de signer sa victoire. Il ne sait plus sur quel pied danser. Doit-il s'impliquer dans la campagne pour la sortir de l'ornière, au risque d'être désavoué dans les urnes ? Doit-il se tenir à distance pour faire en sorte que le mauvais résultat ne le concerne pas ? Nicolas Sarkozy hésite, les parlementaires de la majorité le sentent.

L'homme de la réussite électorale donne le sentiment qu'il pourrait perdre la main. Ce n'est pas encore le cas, mais le chef omniscient est descendu de son piédestal. Il suscite un certain doute désormais. Les parlementaires s'interrogent sur l'ouverture, sur le bien-fondé du bouclier fiscal, sur la nécessité du Grenelle 2, sur l'opportunité de maintenir la suppression de la publicité sur la télévision publique, sur la réforme de la garde à vue... Les choix présidentiels ne tombent plus de l'Élysée comme des dogmes indiscutables. Les parlementaires discutent, supputent, et le font savoir.

Car leur obsession n'a pas changé. Comment être réélu en 2012 ? Faut-il s'en remettre aveuglément à Nicolas Sarkozy, ou bien ne compter que sur soi-même ? Le quinquennat bascule. Beaucoup de députés n'en sont pas à leur premier mandat. Ils ont été élus en 2002 sous Chirac, ou en 1997, malgré la victoire de la gauche. Ils croient en leurs propres forces. Nicolas Sarkozy a mis du temps à comprendre qu'il fallait les convaincre. Il considérait comme acquis le fait que c'est à lui qu'ils doivent leur siège, et donc la suite de leur carrière. Il va falloir les en persuader. Il s'efforce désormais de ménager leur susceptibilité. De les séduire.

Le conservateur

« Ensemble, tout devient possible. » C'était le slogan de sa campagne en 2007. Nicolas Sarkozy était l'homme de tous les possibles ! Il ne connaissait aucun tabou ! Cela faisait des années qu'il exhortait la droite à s'assumer et à oser entreprendre ces réformes indispensables au pays et que personne n'avait osé prendre à bras-le-corps. Lui, c'était sûr, il le ferait ! Nicolas Sarkozy n'avait peur de rien ni de personne ! Il en avait tellement envie ! Bousculer le cours tranquille du fleuve France, que ses prédécesseurs observaient d'un œil impassible, semblables à des « rois fainéants », selon l'expression choisie par lui en janvier 2009. Ne parlait-il pas de Rupture, avec un grand R, à longueur de discours ?

Mais comment expliquer cet étrange sentiment de déception, au bout de trois années de mandat présidentiel ? La France bouge, oui. La vie politique n'est que succession de polémiques et d'apostrophes entre la majorité et l'opposition. Alors d'où vient l'impression que, au bout du compte, la rupture escomptée n'est pas au rendez-vous ? Car cette déception silencieuse se mesure à quelques signaux dans les urnes. Les électeurs de la majorité semblent désabusés. Les uns se réfugient dans l'abstention. D'autres reviennent se consoler aux lumières du Front national. Le parti de Jean-Marie Le Pen s'éclaire du sentiment d'échec du pouvoir en matière d'insécurité, il continue de désigner l'étranger, et se nourrit de la rancœur des modestes envers les puissants, supposés prospérer malgré la crise.

Depuis trois ans que Nicolas Sarkozy est à l'Élysée, rien n'aurait donc changé ? Le sentiment d'insécurité n'aurait donc pas reflué ? Les étrangers seraient toujours les boucs émissaires de notre société en souffrance ? Et les riches continueraient de s'enrichir, quand les pauvres sont de plus en plus nombreux ?

Où est passée la rupture ?

Face à un tel constat, les responsables de la majorité présidentielle s'insurgent. Ils dénoncent les procès mal intentionnés de ceux qui ne sont que des ennemis irréductibles de Nicolas Sarkozy.

Pourtant, le malaise est réel puisque la présidence le prend au sérieux. Quelques semaines après l'échec des élections régionales, l'Élysée a jugé bon de publier son propre document vantant l'excellence et l'ampleur de l'action du président de la République depuis 2007.

Il est bien précisé, en préambule, qu'il ne s'agit nullement d'établir un bilan. Le document se présente plutôt comme un rapport d'étape, destiné à démontrer combien Nicolas Sarkozy a agi, en respectant ses engagements de campagne. Trois priorités sont retenues de cette période: restaurer l'autorité, réhabiliter le travail, replacer la justice au cœur du modèle français. Voilà les trois priorités qui incarnaient la rupture.

Le problème, pour Nicolas Sarkozy, c'est que ces trois priorités relèvent de valeurs impossibles à quantifier. Elles ne s'évaluent pas au poids d'un catalogue de mesures. Tout autant que la confiance ne se décrète pas, l'autorité ne se démontre pas, elle s'incarne, elle s'impose, ou pas. La réhabilitation du travail correspond à un sentiment propre à chacun. La notion de justice, autant que celle de l'injustice, est très personnelle.

Quand des policiers sont tués par des gangsters, dans le cadre d'opérations de routine, la notion d'autorité vacille. Le moindre fait divers contribue à cette déstabilisation. Un délinquant qui braque son 6.35 chargé sur la tempe d'un policier et tire – fort heureusement l'arme n'a pas fonctionné –, lors d'un banal contrôle d'identité au marché aux puces, et c'est « l'autorité de l'État à laquelle on s'en prend une fois de plus », souligne le syndicat policier Alliance.

Quand les Français travaillent dans une ambiance souvent tendue, vivent au quotidien les effets de la crise, remettent sans cesse à plus tard des dépenses de moins en moins exceptionnelles, attendent en vain des augmentations de salaire, et ont le sentiment que la part des dépenses incompressibles dans leur budget croît, la notion de réhabilitation du travail est relative. Même découragement pour les étudiants qui ont travaillé dur pendant leurs études et ne trouvent pas d'emploi. Même démoralisation du jeune diplômé qui a enfin décroché un job, mais a toutes les peines du monde à se loger.

Tous ces sentiments se regroupent en un seul mot, l'injustice. Il n'est pas juste que la crise pénalise davantage les plus faibles que les privilégiés. Il n'est pas juste que certains soient exemptés d'efforts pour se remettre de la crise, quand d'autres sont mis à contribution de façon forcée. Telle est la croyance assez répandue.

C'est un sentiment diffus, irrationnel, et par conséquent très difficile à dissiper.

Le catalogue de justifications publié par l'Élysée ne se situe pas dans le même registre. Nicolas Sarkozy s'était engagé sur des valeurs, l'Élysée répond par des mesures. Une loi sur les peines planchers, une autre sur le délit d'appartenance à des bandes, la création de la rétention de sûreté, le rapprochement police-gendarmerie, et toutes les statistiques, controversées ou non, ne suffisent pas à contrer un sentiment. Aucune statistique ne rassurera la jeune femme qui a peur en rentrant chez elle tard le soir, ou n'apaisera le retraité qui frémit en lisant la page des faits divers de son journal.

La gauche avait eu la même réaction en 2002. Le ministre de l'Intérieur socialiste allait de plateau télé en studio de radio, avec ses chiffres sous le bras, pour démontrer qu'il n'y avait « qu'un sentiment d'insécurité ». Un sentiment qui ne correspondait à aucune réalité. Plus généralement, le Premier ministre candidat à la présidentielle, Lionel Jospin, croyait pouvoir se prévaloir de son bilan, qu'il jugeait bon, pour remporter cette bataille électorale. Il n'a même pas accédé au second tour. Quelques images, dont celle des salariés de Lu en face desquels il semblait impuissant, ont eu raison de ses bons chiffres économiques.

Nicolas Sarkozy le sait bien, lui qui, en 2002, s'est fait le champion du retour à la sécurité, en dénonçant le laxisme des socialistes. Pourquoi alors le président de la République bute-t-il sur ce mur du sentiment ?

Ses défenseurs se rassurent en se persuadant que dans deux ans, à la fin de son mandat, les Français ouvriront les yeux sur cette réalité positive. Mais en dehors de la solide campagne de communication lancée en 2010, et qui va aller crescendo d'ici la présidentielle, il se pose un problème de méthode. Nicolas Sarkozy n'est peut-être pas aussi réformateur qu'il n'y paraît.

La rupture n'est pas dans son tempérament. Il l'avoue dans *Libre* qui est le livre dans lequel il s'exprime le plus « librement », justement. C'est le propos d'un homme qui se met volontairement – et temporairement – en retrait des premiers rôles de la vie politique, et qui prend le temps de réfléchir, sur la vie politique et sur lui-même. Il décrit le « tourment intérieur » qui « le tarauda jusqu'à la dernière minute » au moment de renoncer à briguer la présidence du RPR. « Finalement, écrit-il, les décisions de rupture ont toujours été pour moi les plus difficiles à prendre. Choisir n'est rien d'autre qu'une part de renoncement. Un renoncement concret, immédiat, omniprésent, quand l'enrichissement est virtuel, différé, impalpable. Il ne vient que plus tard, bien plus tard ! Il est le résultat d'un raisonnement devenu conviction. »

Choisir, c'est renoncer à un possible, rompre avec un acquis. Et Nicolas Sarkozy, de son propre aveu, n'aime pas cela. Son caractère le porte à moins de témérité. Le mystère de l'inconnu ne le fascine pas. La phrase apparaît longuement réfléchie. Elle constate que le renoncement est immédiat, dans l'espoir d'un retour sur investissement incertain et lointain. Ce n'est que l'application du proverbe « Un tiens vaut mieux que deux tu l'auras », variante de « Il ne faut jamais lâcher la proie pour l'ombre » ou, dans le registre culinaire :

« Il vaut mieux une truite dans la marmite que deux saumons dans la rivière. »

Au fond de lui, Nicolas Sarkozy n'aime pas changer. Et d'ailleurs, depuis qu'il est président de la République, les piliers de son système n'ont pas bougé, que ce soit à l'UMP ou au gouvernement. Il s'appuie toujours sur les mêmes, dont il a éprouvé la fidélité.

« L'inconnu l'insécurise », assure un sénateur qui le connaît depuis longtemps. Lequel est convaincu que François Fillon restera jusqu'à la fin du quinquennat à Matignon, car « avec lui, même si Sarkozy s'agace et l'agace parfois, il sait où il va ».

Sur le plan humain, Nicolas Sarkozy serait donc assez conservateur. Et sur le plan politique aussi, du moins dans l'application de ses idées qui, elles, ne le sont pas.

Nicolas Sarkozy et ses disciples élyséens expliquent volontiers la difficulté de continuer de réfléchir quand on est exposé aux innombrables urgences qu'impose l'action présidentielle, ou ministérielle. Des problèmes factuels, mais d'importance, ne cessent de s'imposer dans le calendrier prévu. Heureusement, Nicolas Sarkozy avait longuement réfléchi avant d'accéder à l'Élysée. Il s'était préparé à l'exercice du pouvoir suprême, et savait ce qu'il entendait faire concernant les grandes réformes de structure en attente depuis trop longtemps. Selon ces sarkozystes, mieux vaut avoir réfléchi avant d'exercer le pouvoir, parce que, pendant, on n'a plus le temps.

Si l'on examine la première année à l'Élysée, l'été 2007 a été très productif, avec notamment la mise en œuvre de la loi sur le travail, l'emploi et le pouvoir d'achat (la loi Tepa) qui défiscalise les heures supplémentaires, allège les droits de succession, instaure le « bouclier fiscal », et le lancement de la loi sur les universités. Ce sont les deux chantiers les plus spontanément cités, afin de démontrer la réussite des réformes signées Nicolas Sarkozy, et qui sont « si bien rentrées dans les mœurs qu'on les oublie ». Elles présentent aussi le mérite de correspondre aux attentes de l'électorat de la majorité.

Certaines lois, qui viennent plus tard, heurtent parfois cet électorat, comme la réforme de l'hôpital ou la carte judiciaire. Ce qui, après tout, n'a rien de surprenant puisque Nicolas Sarkozy a décidé de bousculer les conservatismes, il a même été élu pour cela. Mais au second semestre 2008 arrive la crise financière internationale, qui provoque la « récession la plus grave que le monde et la France aient connue » selon les termes du document de l'Élysée. Remarquons, au passage, que le mot « récession » est désormais admis, alors que la presse a été accusée d'être d'une mauvaise foi indigne en l'employant. « L'ordre des priorités a dû être modifié », constate ce même document. Là encore, pourquoi avoir attendu si longtemps pour reconnaître que la crise a obligé Nicolas Sarkozy à modifier le cours de son action ? Et pourtant, la donne a bel et bien changé. Le maintien du pouvoir d'achat ne correspond plus à une réforme de structure, qui réhabilite le travail, selon le slogan « Travailler plus pour gagner plus ». Cet enjeu devient un secteur à soutenir, par des mesures ponctuelles, telles que la suppression des deux derniers tiers de l'impôt sur le revenu pour cinq millions de contribuables en 2009, ou la prime de 150 euros versée aux familles modestes.

La réflexion de Nicolas Sarkozy avait porté sur une économie française qui renouait avec la croissance, et un cercle vertueux qui permettait d'envisager la baisse du chômage. La crise et la récession modifient totalement les hypothèses entrées dans l'ordinateur de campagne de Nicolas Sarkozy.

Face à cet imprévu, il réagit en conservateur. Les grandes réformes de structure sont mises en veilleuse.

La réforme des retraites marque une pause. Après l'allongement de la durée de cotisation pour les régimes spéciaux, traité en 2007, et le passage à quarante et un ans de cotisation pour 2012 assorti d'une série de mesures pour l'emploi des seniors en 2008, l'essentiel du dossier, la réforme de structure à proprement parler, n'est initié qu'en 2010, après le coup de semonce de l'électorat UMP et de ses seniors aux régionales du printemps.

Combien de temps le second volet du projet de loi d'orientation et de programmation pour la performance de la sécurité intérieure (la LOPPSI) a-t-il attendu dans les cartons du ministère de l'Intérieur dirigé par Michèle Alliot-Marie ? Le premier volet avait concerné les effectifs des forces de l'ordre, le second, qui s'intéressait à de nouvelles pratiques de lutte contre l'insécurité, n'a été examiné en Conseil des ministres qu'au mois de mai 2009, juste avant le départ de la ministre pour la place Vendôme. Défendu à l'Assemblée en février 2010 par Brice Hortefeux, il concerne aussi bien la lutte contre la cybercriminalité – des pédophiles aux arnaques sur Internet –, la vidéo-surveillance, le couvre-feu pour les mineurs à partir de 23 heures, ou l'alourdissement des sanctions contre les agresseurs de personnes âgées. Décriée par la gauche comme un « paquet sécuritaire », elle n'en est pas moins la loi-cadre qui détermine, et signe, l'approche sarkozyste en matière de sécurité. Un véritable changement d'orientation, une rupture, de nature à restaurer l'autorité, dans les termes défendus par le candidat Nicolas Sarkozy. Bien sûr, cette orientation n'a plus rien à voir avec celle de la gauche, qui avait instauré la police de proximité et cherché à conjuguer l'aspect répressif et l'approche préventive. Mais, là encore, Nicolas Sarkozy donne le sentiment d'avoir eu besoin d'étirer le temps. Comme si une fois qu'il était arrivé au pouvoir, confronté à une crise économique qui fragilise le corps social, il hésitait à le bousculer par un texte massif et réputé sécuritaire, et préférait des annonces ponctuelles en réaction à des faits divers. Hésiter à bousculer le corps social, hésiter à ressouder ses opposants, n'est-ce pas là les caractéristiques d'un exercice conformiste du pouvoir ? N'y a-t-il pas là une forme de conservatisme ?

Autre exemple, la réforme de la justice. Nicolas Sarkozy a lancé la réflexion sur la réforme du code pénal. L'actualité a ensuite soulevé le problème des gardes à vue. Le livre d'un journaliste de France Info, Matthieu Aron[1], révèle les conditions peu glorieuses de ces procédures et surtout leur nombre : 900 000 par an ! Quelque temps plus tard, c'est le principe des fouilles à nu systématiques qui est soulevé. Mais désormais, prudemment, Nicolas Sarkozy ne voit plus l'intérêt de mener toutes les grandes réformes en même temps. Celle de la justice pourrait être fractionnée en plusieurs textes. Cette prudence dans l'ordonnancement des réformes est-elle le propre du novateur ou du conservateur ?

----

1. Matthieu Aron, *Gardés à vue*, Les Arènes, 2010.

Le faux miroir

« Elle est belle, ma femme, elle est très riche. »
C'est le dernier Conseil des ministres avant la pause estivale. Nicolas Sarkozy a organisé un « pot » convivial avant que chacun profite de quelques jours de repos. Carla Bruni-Sarkozy a alors passé sa charmante tête pour offrir à chacun un exemplaire de son CD, *Comme si de rien n'était*. Le président de la République la suit d'un regard émerveillé. Nicolas Sarkozy est fier de son épouse. L'ancienne top-model symbolise tout ce qu'il admire. En terme de beauté, c'est la plus forte. C'est une artiste reconnue et intelligente. Elle incarne la réussite.

Il en est tellement fier qu'un jour, lors d'une réunion du Conseil européen, il était en grande conversation avec elle par téléphone quand il a été appelé pour s'exprimer. Qu'a fait Nicolas

Sarkozy ? Plutôt que de raccrocher, il a passé le téléphone à son voisin, qui n'était autre que Gordon Brown. Le Premier ministre britannique s'en est trouvé ravi. C'est d'ailleurs lui qui a raconté l'anecdote, à la télévision, en précisant qu'il avait dit grand bien du président.

Nicolas Sarkozy est fier de l'image que lui renvoie son épouse. Experte dans l'art de la séduction médiatique, cette figure de la jet-set est parvenue à séduire la très sourcilleuse cour d'Angleterre en s'enfermant dans un tailleur gris recouvrant pudiquement ses fins genoux, et assorti à ses sourires de première communiante.

Certains des contempteurs du président de la République voudraient la décrire comme une « femme trophée ». De celles que l'on exhibe comme un butin témoignant de sa propre puissance. Certes, l'Élysée a été impressionné par son carnet d'adresses international. « Elle peut décrocher la une d'un magazine partout dans le monde en trois coups de fil », s'extasie un conseiller. Partout où elle apparaît, les photographes sont en délire. Quand une visite officielle de Nicolas Sarkozy est annoncée, la première interrogation des journaux locaux est de savoir s'il sera accompagné de son épouse. Cette analogie avec le couple Kennedy réjouit Nicolas Sarkozy. « Je suis le type qui accompagne Jackie », s'était amusé le président américain, lors d'un séjour officiel en France. Nicolas Sarkozy pourrait se plaire à dire la même chose, tant son épouse suscite la passion médiatique. D'autant que la jet-setteuse s'illustre désormais dans la panoplie de l'artiste solitaire, ascète et tendre avec son époux.

Mais cette approche, négative, est réductrice. Carla Bruni-Sarkozy n'est pas qu'une photo de papier glacé et un habit de sobriété, bien porté, à côté de Nicolas Sarkozy. En peu de temps, elle est devenue un atout politique incontestable.

Bien que fréquentant un milieu artistique plutôt situé à gauche, Carla Bruni ne fait pas partie des artistes réputés engagés. De nationalité italienne, avant son mariage, elle n'a donc jamais voté en France. Et si elle s'était laissée aller en 2007 à dire à un journal britannique qu'elle « voterait toujours à gauche comme ses parents », elle s'est ensuite montrée beaucoup plus discrète sur ces sujets. Sa seule prise de position notable concerne la proposition de députés UMP de recourir à des tests ADN pour permettre le regroupement familial. La position était politiquement forte, mais elle peut aussi relever d'une sensibilité propre à la vie privée de Carla Bruni.

Elle offre pourtant une caution de gauche à Nicolas Sarkozy. Après des premiers pas bling-bling de mauvais goût, commencés par une sortie au pays de Mickey pour officialiser sa relation avec le chef de l'État ; arborant en Égypte une lourde bague toute de pierres précieuses ; une escapade en Jordanie avec lunettes noires, et son fils, juché sur les épaules de Nicolas Sarkozy, mitraillé par les photographes ; Carla Bruni-Sarkozy maîtrise désormais son image.

Si la presse continue de détailler ses tenues, Carla Bruni alimente aussi la chronique par l'influence politique qui lui est prêtée. Dès qu'un profil, plus ou moins affirmé à gauche, apparaît dans l'entourage présidentiel, elle est soupçonnée d'en être la cause. Un ascendant qui n'affaiblit en rien le chef de l'État. Carla Bruni-Sarkozy prend soin de ne pas sortir de son rôle d'épouse, en tenant parfaitement sa place, limitée à la représentation. Elle n'apparaît plus que dans des postures officielles, professionnelles, au sens où le rôle de première dame relève d'une activité professionnalisée. Du bain de foule avec les agriculteurs sur les Champs-Élysées aux poignées de main et conversations de salon diplomatiques avec les chefs d'État étrangers, elle tient sa place. L'un des invités à un dîner de gala à l'Élysée s'amuse à raconter la façon dont Carla Bruni-Sarkozy sait entretenir une conversation de façon chaleureuse et courtoise en anglais avec son voisin, quand Nicolas Sarkozy semble plongé dans la consultation de son téléphone portable.

Enfin, à l'avantage de Mme Sarkozy, il faut encore citer la sérénité qui a gagné son mari, qui prend soin de son alimentation, de son corps et mène une vie saine et dynamique à la fois.

Mais rien n'est jamais parfait dans le monde politique.

Ceux qui ont rencontré Carla Bruni-Sarkozy sont donc sous le charme.

Ceux qui n'ont que les échos de son influence le sont moins.

Pour ceux-là, Carla Bruni-Sarkozy coupe le chef de l'État de la vraie France. Elle réside dans un hôtel particulier situé dans un espace privé, au cœur du seizième arrondissement de Paris. Quand il quitte le palais de l'Élysée, Nicolas Sarkozy rejoint donc un lieu tout aussi « hermétique » à la vraie vie des Français. La propriété du cap Nègre, l'été, n'est pas plus ouverte aux bruits de la société française.

D'autres critiques, ou regrets, sont couramment émis, sur le plan politique. Le plus répandu tient au fait que, désormais, Nicolas Sarkozy ne raisonne plus en termes politiques vingt-quatre heures sur vingt-quatre. « Quand il rentre chez Carla, il tire le rideau sur la politique. Il ne le rouvre que le lendemain à 8 heures. » La preuve, c'est que, depuis le début de l'année 2008, le président ne participe plus à la sacro-sainte réunion de 8 h 30. Durant toute la campagne électorale, Nicolas Sarkozy procédait à plusieurs réunions de ce genre avec les conseillers et les porte-parole. Elle permettait d'analyser la campagne et de réajuster les arguments en temps réel. La tradition s'est perpétuée à l'Élysée. Et puis, petit à petit, Nicolas Sarkozy n'y est plus venu. Il s'est contenté d'un coup de fil à Claude Guéant.

Le secrétaire général préside la rencontre. Même s'il prend soin de toujours dire « Le président pense ou souhaite », cette relation exclusive chagrine d'autres conseillers. Nicolas Sarkozy n'est plus si accessible qu'il l'était lors de ces réunions, où l'on discutait à bâtons rompus, et où les dossiers avançaient plus vite. Les relations sont plus institutionnalisées. En 2010, après l'affaire des rumeurs, la réunion collective de 8 h 30 a été supprimée. Les rencontres sont désormais organisées au gré des besoins. Certains parlementaires sont persuadés que le décrochage de Nicolas Sarkozy est lié à cette évolution, au fait que la politique n'occupe plus cent pour cent de sa vie. Qu'il ne prend plus lui-même le pouls de la société, en dehors des notes que lui rédige son cabinet, ou de rencontres sans spontanéité.

Un autre reproche, adressé indirectement à Carla Bruni-Sarkozy par ces parlementaires en mal de leur chef de l'État, c'est que l'artiste Carla Bruni fait rencontrer à son époux des personnalités de gauche, qui sèment le trouble sur sa vision politique de droite. Ce serait l'origine de l'obstination présidentielle sur l'ouverture, le manque d'allant sur certains projets jugés, à tort, trop clivants. Les dîners privés du couple Sarkozy fragiliseraient les fondations de l'homme de droite Nicolas Sarkozy. « Il perd sa vista », regrette un inconditionnel sarkozyste.

Ces considérations peuvent paraître secondaires, mais elles font partie d'un ensemble. En perdant la perception des signaux parlementaires, Nicolas Sarkozy risque des faux pas. Les états d'âme des députés peuvent empêcher le pouvoir de légiférer à sa guise.

Lors de l'examen de la loi Hadopi sur le téléchargement en ligne, nombre de députés de la majorité confient leur perplexité quant à l'application des sanctions préconisées. C'est l'abonnement de toute une famille qui serait suspendu, quand l'un de ses membres téléchargeait illégalement. Ces députés-là, qui émettent en vain leurs doutes, ont des enfants dont ils pensent qu'ils téléchargent en douce. Leur perplexité les conduit à ne pas se précipiter dans l'hémicycle au moment du scrutin. La gauche, plus réactive, est majoritaire. Le texte est rejeté. La perplexité des députés UMP coûte cher au gouvernement.

Les interrogations de certains députés sur la perte de repères de Nicolas Sarkozy trop accroché à l'ouverture en ont passablement énervé d'autres. Tous n'en rendent pas Carla Bruni-Sarkozy responsable. Mais sa présence renforce un climat déjà suffisamment lourd. Quand Nicolas Sarkozy nomme le socialiste Didier Migaud à la Cour des comptes, après avoir fait entrer le mitterrandiste Michel Charasse au Conseil constitutionnel, cela excède certains élus. « À force de s'habituer aux nominations de gauche, nos électeurs vont finir par voter à gauche », s'exclame rageusement le député UMP Lionnel Luca, avant les régionales. Après le scrutin, Nicolas Sarkozy persiste. Il remanie son gouvernement a minima, et maintient les ministres d'ouverture. Il fait même entrer un proche de Dominique de Villepin, ainsi qu'un protégé de Jacques Chirac. Mais de nouveau venu estampillé sarkozyste pur jus, il n'y en a point. La coupe est pleine. « Ce mec-là, plus tu lui craches à la gueule, plus tu es promu », s'emporte, de dépit, un ex-futur membre du gouvernement.

Carla Bruni-Sarkozy n'a rien à voir avec cela, mais elle est supposée tendre un miroir déformant à Nicolas Sarkozy. Il rit de s'y voir si fort, mais n'est-il pas sous l'effet d'un sortilège qui l'empêche de mesurer la désaffection de son électorat ? Les élections régionales l'obligent à sortir de sa torpeur. Nicolas Sarkozy change de stratégie. Désormais, il écoute les députés, affiche obligeamment sa patience. Prend un bain de foule impromptu à Paris. Et évite résolument les images people lors de sa visite officielle à Pékin.

Quant à Carla, « c'est mon meilleur conseiller politique », assure le chef de l'État aux membres de son cabinet, dont les rivalités internes lui pèsent de plus en plus.

Les inhibés

Il avait déjà été ministre de l'Intérieur, du Budget, de la Communication, porte-parole du gouvernement ; ministre d'État, ministre de l'Économie, des Finances et de l'Industrie ; proche lieutenant du Premier ministre, Édouard Balladur ; et pourtant, l'Élysée, non, l'Élysée, ça n'est pas pareil.

Non que l'exercice du pouvoir, en lui-même, soit très différent. Ce qui change, ce sont les autres. Leur regard. Leur façon d'être. Leur façon de parler, à celui qui est désormais le chef de l'État. Laurence Parisot, présidente du Medef, ancienne condisciple à Sciences po, a renoncé d'elle-même au tutoiement la première fois qu'elle a revu Nicolas Sarkozy devenu président de la République.

Le plus haut responsable du pays devient une entité, une institution. L'approcher constitue un honneur et un privilège. S'en faire écouter, retenir son attention, un pouvoir. Car ce qui change aussi, c'est le regard des autres sur ceux qui ont accès au président de la République. La moindre personne qui l'approche est considérée comme un conseiller. Il suffit d'échanger quelques mots avec lui pour que les réflexions de Nicolas Sarkozy deviennent, dans l'heure qui suit, des confidences à une personnalité éminente. La moindre de ses paroles revêt une signification lourde de conséquences. Les gens deviennent fous, des amis de trente ans deviennent fous. Nicolas Sarkozy s'en étonne, et s'en agace encore aujourd'hui.

Ses conseillers, les membres de son cabinet à l'Élysée, ne sont plus les mêmes, eux non plus. Certains l'avouent sans ambages, d'autres à demi-mot, mais le poids des responsabilités pèse sur leur spontanéité.

Un président de la République entre dans l'histoire. Ses moindres faits et gestes alimentent une chronique gravée dans le marbre. Le poids de la responsabilité, dans la durée, encourage le conformisme.

En premier lieu, parce que la présidence ne s'intéresse qu'à des questions aussi importantes les unes que les autres. « Dans un ministère, on peut hiérarchiser les dossiers, il y a ce qui est essentiel, et ce qui est accessoire. À l'Élysée, tout est primordial, puisque cela arrive à l'Élysée », analyse un conseiller. Mais cela ne veut pas dire que peu de choses remontent au Palais présidentiel, au contraire, puisque la volonté de Nicolas Sarkozy, c'est de s'occuper de tout. Il faut donc nécessairement opérer un tri. Le tri élyséen n'élimine pas des dossiers, il ordonne les priorités en fonction du bon moment pour en parler. Car le temps présidentiel est compté.

Les conseillers sont partagés entre le souci de ne pas négliger l'important, et celui de ménager le temps et la sérénité de leur patron. L'entourage filtre les dossiers, en fonction d'une hiérarchie interne. « Est-ce vraiment utile de l'ennuyer avec ça ? » Peut-être vaut-il mieux prendre le temps d'approfondir la question, et les solutions envisageables, avant de la lui soumettre. « L'isolement est nécessaire et redoutable à la fois », concède un proche collaborateur. L'entourage se sent investi d'une mission de protection.

Il est une autre question qui refrène les ardeurs des collaborateurs, c'est la sectorisation de chacun des conseillers. Chaque membre du cabinet s'est vu attribuer un domaine de compétence bien précis. Dans un palais si mal agencé, où l'on se parle plus souvent par téléphone que de vive voix, on ignore ce qui se passe d'une aile à l'autre. S'il sent poindre une difficulté politique qui n'est pas de son domaine, le conseiller hésite à en parler au chef de l'État. Il a déjà beaucoup de points à évoquer avec lui. Il se dit qu'un autre conseiller, dont c'est la responsabilité directe, a sans doute déjà parlé au président de la République. Il se dit aussi que, en mettant le doigt sur un sujet délicat, il risque de se faire renvoyer dans les cordes. Personne ne souhaite essuyer une colère présidentielle.

C'est ainsi que, quand l'affaire de Jean Sarkozy à l'EPAD a été rendue publique par la presse, plusieurs conseillers, qui découvraient le dossier avec retard, ont préféré ne pas rajouter d'huile sur le feu. Ils n'ont donc pas évoqué l'incompréhension et la sensibilité de l'opinion sur ce sujet.

Faute de voir très régulièrement le chef de l'État, un conseiller peut plancher dans une direction donnée alors que Nicolas Sarkozy a déjà changé de cap. Quand le Conseil d'État a été saisi en janvier 2010 par le Premier ministre sur la question d'une loi générale interdisant le port du voile intégral, la position de Nicolas Sarkozy paraissait moins radicale. Certes il avait considéré publiquement, en juin 2009, que « la burqa n'est pas la bienvenue sur le territoire français ». Mais il ne s'était pas pour autant rallié à la proposition de Jean-François Copé sur une loi globale. Il penchait plutôt pour des dispositions détaillées suivant les lieux et les circonstances. Position qui aurait eu le mérite de susciter un consensus bienvenu avec la gauche après la polémique sur l'identité nationale. Croyant suivre la volonté présidentielle, certains conseillers étudiaient les mêmes arguments de droit que ceux que produisit le Conseil d'État sur la difficulté à établir un fondement juridique incontestable à une loi générale. Entre-temps, Nicolas Sarkozy avait opté pour une lecture plus politique. « Dans le domaine du symbole, il faut une décision limpide », selon l'un de ses proches. Le conseiller qui n'avait pas vu venir cette analyse, et qui soufflait dans le même sens que le Conseil d'État, a essuyé la même leçon, vigoureuse, que les sages du Palais-Royal. Nicolas Sarkozy rappelant que ce même Conseil d'État n'était pas favorable à l'élection du président de la République au suffrage universel.

Dans ce système, l'équipe de campagne, qui formait bloc autour du candidat, devient une addition d'individus qui s'observent les uns les autres. À peine arrivés à l'Élysée, des clans se forment, des alliances se créent. Détenir une information devient un atout, cela donne du pouvoir. Le pouvoir d'informer le président, le pouvoir d'en être écouté. Car Nicolas Sarkozy a choisi des conseillers très différents.

Le placide Claude Guéant, formé à l'humilité disciplinée de la préfectorale, n'a rien de commun avec le bouillant républicain Henri Guaino, adversaire de l'orthodoxie budgétaire et européenne. Ni avec la jeune Emmanuelle Mignon. Bourreau de travail, très inventive, elle a du mal à se couler dans le système formaté de l'Élysée. Elle finira par rejoindre le Conseil d'État avant d'intégrer la société holding du cinéaste Luc Besson. D'autres font des allers-retours dans le privé et le public. François Pérol, qui avait travaillé à Bercy avec Nicolas Sarkozy, revient avec lui à l'Élysée, gère la crise économique et financière de l'automne 2008, avant de repartir dans le privé. Son successeur, Xavier Musca, est originaire du même village corse que la première épouse de Nicolas Sarkozy. Très respecté par Bercy, il n'aime pas les projecteurs et cultive la discrétion. Condisciple de Nicolas Sarkozy à Sciences po, c'est pourtant l'un des rares à contredire frontalement le président de la République.

Patrick Ouart, le conseiller juridique, s'applique beaucoup à suivre le travail de la ministre de la Justice Rachida Dati, avant de quitter l'Élysée quelques mois après l'élection de la ministre à Bruxelles.

Certains connaissent déjà tout des rouages élyséens. Jean-David Levitte a exercé ses talents de diplomate à l'étranger, au service de Jacques Chirac, avant de conseiller Nicolas Sarkozy. Raymond Soubie a commencé sa carrière de diplomate des questions sociales avec Raymond Barre puis Jacques Chirac. Les générations se mêlent. Se croisent. Se jalousent parfois.

Dès les premiers mois à l'Élysée, les commentaires des uns ou des autres, sur les uns ou les autres, alimentent des échos dans la presse. Nicolas Sarkozy s'exaspère de ne pouvoir imposer une réelle confidentialité à ses réunions de cabinet. Plusieurs conseillers sont même persuadés qu'il en joue désormais, et se demandent si certaines remarques ne sont pas formulées dans le seul but d'être rendues, officieusement, publiques.

La vie de l'entourage n'est donc pas facile. Sans compter que Nicolas Sarkozy, lui aussi, a changé. Il a décroché son Graal. Il a gagné ! Il est président de la République ! Il a eu raison de tous les obstacles que ses ennemis n'ont cessé de mettre sur sa route !

« On n'est que six à avoir fait ce métier en cinquante ans ! » s'exclame-t-il sans fausse modestie. « Si c'est pour me regarder dans la glace en disant, j'y suis ! j'ai le job ! c'est bon, c'est fait... Je les vois tous, ceux qui en rêvent, en ont rêvé, et ne le seront jamais... » La phrase jaillit à propos de son éventuelle candidature en 2012, pour expliquer que, quoi qu'il décide, sa motivation ne sera plus la même.

Mais le décompte traduit aussi une intense satisfaction, et la certitude de sortir du lot, d'avoir eu raison, d'avoir tout simplement été le meilleur. Une assurance élyséenne, en quelque sorte, commune à tous les présidents de la République. Une certitude intime qui impressionne favorablement, mais freine aussi, imperceptiblement et inévitablement, l'entourage.

Avant d'émettre une proposition personnelle, avant d'essayer d'argumenter dans un sens contraire à celui du chef de l'État, le conseiller y réfléchit à plusieurs fois. Après tout, la marque sarkozyste n'est-elle pas la rupture ? La levée des tabous ? Ne suis-je pas plus conformiste que lui ? hésite le conseiller. Plus qu'avant l'élection, le collaborateur a tendance à se couler dans la pensée de celui qui, mieux que tous les autres, a eu la force et la vista nécessaires pour être élu.

Le poids de l'institution élyséenne inhibe jusqu'aux moins formalistes.

Inconsciemment, ils intègrent l'idée que c'est Nicolas Sarkozy qui a raison. Il est vrai que les « engueulades » du chef de l'État les encouragent dans cette voie. Il ne leur ménage ni ses critiques ni ses coups de colère. Mais, se disent-ils, c'est normal, nous sommes ses collaborateurs. Ils se vivent comme une continuité du chef de l'État, de sa pensée et de son action, sans autonomie propre. Les ministres ont une autonomie, ils ont une existence politique. Les conseillers ne sont ses collaborateurs que par, et pour, Nicolas Sarkozy. Ce sont « ses employés », note un sarkozyste de l'extérieur.

À cette évolution assez institutionnelle, Nicolas Sarkozy ajoute une part toute personnelle, qui est sa capacité à injecter de l'affect dans ses relations professionnelles. Il est un patron intransigeant, mais aussi un homme qui exprime ses sentiments. Tous évoquent son côté affectif, le fait que, même s'il se protège des critiques, il n'y est pas hermétique. Tous ont le même mouvement de dégoût en pensant aux articles people concernant sa vie privée. Le divorce d'avec Cécilia a laissé des traces. Ils sont volontairement secrets sur la vie du couple Bruni-Sarkozy, mais ne sont pas insensibles aux méfaits intimes de la médiatisation sur l'homme Nicolas Sarkozy. Ils en sont tous affectés et scandalisés. Ils réagissent aussi émotionnellement que lui.

Quand Nicolas Sarkozy retrouve le bonheur avec Carla Bruni, personne n'ose lui dire de vive voix que le passé de sa dame de cœur, leurs escapades à Eurodisney, ou en Égypte, ne conviennent pas aux repères de son électorat. Aucune note technique sur les sondages ne rend compte de l'ampleur du malaise. C'est lui et sa future épouse qui auraient eu l'intuition de ce trouble, et auraient rectifié le tir. Vrai ou faux, cela renforce l'idée de sa supériorité sur ses collaborateurs qui, décidément, comme il le leur dit parfois, « sont nuls en politique ».

Mais cet épisode ne constitue qu'un hors-d'œuvre. Le plus lourd à digérer intervient en pleines élections régionales en mars 2010.

Le mariage a eu lieu, Carla Bruni-Sarkozy est devenue l'icône parfaite de la première dame sobre et discrète. Mais voilà que de méchantes et fausses rumeurs se répandent sur le Net à propos de la solidité du couple.

La réaction de l'entourage est une nouvelle fois passionnelle. Comme si, lorsqu'il s'agit de la vie privée du chef de l'État, toute notion de professionnalisme était submergée par l'affect.

Comme le dira Carla Bruni-Sarkozy, les rumeurs ont toujours existé, c'est très désagréable, mais c'est sans importance. Pourtant, ces rumeurs, que la presse française ne relaie pas, sont reprises à l'étranger, sur la base d'un tweet venu d'un blog du *Journal du dimanche*. Avec Internet, les ragots se répandent d'une boîte mail à une autre. C'est-à-dire en deux secondes. La rumeur se retrouve à la une des vitrines web de différents journaux en Europe, mais aussi aux États-Unis et même en Russie ! Cette mondialisation du persiflage ébranle, et affole, Nicolas Sarkozy. La question lui est posée lors d'un séjour à Londres. Cela ne peut être le fruit du hasard. Et dans la façon tranchée dont Nicolas Sarkozy aborde les choses, pour lui, si ce n'est un hasard, cela signifie que cela correspond à un acte délibéré.

Quelqu'un cherche à lui nuire, avec la volonté de l'atteindre sur le plan international. Or, Nicolas Sarkozy sait qu'il va jouer très gros lors de la réunion du G20 présidé par la France en novembre 2010. Il veut reprendre l'initiative et retrouver l'allant qui l'avait porté lors des réunions organisées sous la présidence française de l'Union européenne durant la crise de 2008. Face au couple Obama, il sait que Carla est un atout. Quelqu'un veut déstabiliser sa relation. La colère du président de la République est à la hauteur du danger qu'il croit réel et grave. Il y met de la passion. Son entourage est atteint avec la même intensité. Plusieurs mois après, aborder la question avec l'un de ses conseillers, c'est voir aussitôt se figer son visage, le regard se durcir. « C'est très grave, ces rumeurs. Cela peut faire beaucoup de mal. Il y a des familles ! »

Personne n'est là pour calmer l'ire sarkozyste. Plus personne n'est assez lucide pour aborder froidement le problème. Au contraire, chacun s'indigne, active ses réseaux. Il ne s'agit pas de comprendre ce qui se passe. La seule question posée est : qui ? Qui a lancé et alimente la rumeur ?

Un vent de panique souffle sur l'Élysée. Plus aucune mesure ne règne sur la maison meurtrie par l'inquiétude blessée du président. Un article du *Canard enchaîné* révèle que Rachida Dati, ancienne garde des Sceaux, s'est vu retirer ses officiers de sécurité le soir des régionales, pendant qu'elle était sur un plateau de télévision. Elle tenait des propos assez critiques sur l'échec électoral de la majorité. Mais bientôt la rumeur attribue une autre origine au courroux présidentiel : cette ancienne habituée du premier cercle sarkozyste serait à l'origine des rumeurs. Il s'agit encore de rumeurs sur la rumeur, mais Rachida Dati les officialise en publiant un communiqué pour s'en défendre. Évidemment, la presse ne peut que relayer ce qui devient une information. La veille, Claude Guéant a lui aussi perdu le sens de la mesure. Le secrétaire général de l'Élysée confirme au *Canard enchaîné* que le président de la République ne veut plus voir Rachida Dati. S'agit-il vraiment de politique, de la gestion des affaires de l'État ? Le président de la République est fâché contre son ancienne garde des Sceaux. Une information capitale, délivrée par le secrétaire général de l'Élysée. « L'homme le plus puissant de France, après Nicolas Sarkozy », murmure-t-on dans les couloirs du pouvoir. Et cela ne s'arrête pas là. Le lendemain, Claude Guéant relativise, sans la démentir, son affirmation: « La vérité d'hier n'est pas celle d'aujourd'hui », tient-il à préciser à l'Agence France-Presse.

La colère de Rachida Dati se tourne vers l'un des conseillers du chef de l'État, Pierre Charon. Il aurait évoqué des preuves tangibles de son implication dans la rumeur. Mais Rachida Dati avertit, voire menace. Elle rappelle qu'elle a travaillé au ministère de l'Intérieur avec Nicolas Sarkozy. Il ne peut y avoir eu des écoutes ou des interceptions de SMS, ce serait illégal. Le chef de l'État ne saurait avoir suggéré ou toléré ce genre de pratiques, selon le message de Rachida Dati.

Tout ce tohu-bohu explose sur le devant de la scène politique en plein échec des régionales, et donne le sentiment que règne le désarroi à l'Élysée. La guerre des entourages bat son plein. Pierre Charon est désigné comme unique responsable de cette panique peu compatible avec le sang-froid qui doit régner au sommet de l'État. L'homme n'a pas que des amis. On susurre sur le désaveu dont il ferait l'objet. Claude Guéant, lui aussi, serait dans l'œil du cyclone. Raymond Soubie, l'homme du dialogue social, prendrait le dessus. Ce serait lui qui aurait véritablement influencé le miniremaniement du mois de mars. Rien ne va plus dans l'entourage de Nicolas Sarkozy. D'ailleurs, plusieurs de ses interlocuteurs en témoignent, le chef de l'État envisage de revoir l'organisation de cette structure à l'automne.

Ce n'est pas l'entourage qui a trouvé la sortie de crise de cette affaire des rumeurs, mais Carla Bruni-Sarkozy. C'est elle qui a ramené le calme lors d'une interview millimétrée sur Europe 1.

« Je suis toujours désolé quand, autour de nous, à côté de nous, en face de nous, ou à cause de nous, les gens s'excitent trop », philosophe Nicolas Sarkozy lors d'un entretien accordé à une chaîne de télévision américaine, quelque temps plus tard.

Le général de Gaulle n'a jamais gardé plus de trois ans l'un de ses collaborateurs à l'Élysée, à quelques exceptions près. Il y a deux raisons à cela, selon son proche collaborateur Pierre Lefranc, président de l'Institut et de la Fondation Charles-de-Gaulle. La plupart des membres de son cabinet étaient des fonctionnaires « qu'il ne voulait pas soustraire trop longtemps à leur administration d'origine ». La seconde raison est plus politique. Quand il entre au cabinet de Philippe Pétain, au Conseil supérieur de la guerre, le futur général est confronté à l'entourage du maréchal qui s'érige « en forteresse » et le coupe de l'extérieur. Le général de Gaulle s'en est souvenu, et s'est toujours montré attentif au renouvellement du personnel autour de lui, afin d'éviter cette « solidification » de l'entourage. Solidification est à prendre ici dans le sens de « fossilisation ». Pour l'homme de la rupture, c'est embêtant.

Les paradoxes

Lors du Conseil des ministres, le président de la République siège en face du Premier ministre. Les ministres sont assis à leurs côtés suivant l'ordre protocolaire. Le secrétaire général de l'Élysée est installé sur une petite table indépendante, tout près de celle des ministres, du côté de la fenêtre du salon Murat. La rencontre a beau être très formelle, il est un petit rituel qui perdure sous toutes les présidences. Les ministres profitent de cette réunion pour se passer des petits mots écrits concernant les dossiers qui leur sont chers. Il suffit d'écrire le nom du destinataire sur l'enveloppe et de la faire passer à son voisin. Tout le monde fait suivre les missives, sauf le président de la République, c'est la tradition. En revanche, les enveloppes transitent forcément par le Premier ministre. François Fillon fait passer, comme tout le monde, sauf quand le courrier est adressé à Claude Guéant.

Car le secrétaire général est un collaborateur du président extrêmement sollicité. Collaborateur. Terme que refuse absolument le chef du gouvernement. François Fillon est l'une des composantes du couple exécutif. Il tire sa légitimité de la majorité à l'Assemblée nationale. Mais bien des ministres, eux, sont persuadés que le vrai pouvoir est entre les mains de Claude Guéant. Lui faire passer un message rapidement, en mains propres, est donc indispensable pour l'avancement de certains dossiers. Il sait en être le fidèle interprète auprès de Nicolas Sarkozy.

Pour contourner la difficulté présentée par François Fillon, les ministres ont trouvé une astuce. Ils repèrent un collègue assis près de la fenêtre, à portée de main de Claude Guéant, et mettent le nom du ministre sur la première enveloppe. Dans celle-ci, ils en glissent une seconde, adressée à Claude Guéant avec un petit mot pour le ministre télégraphiste. Le manège fonctionne. François Fillon fait passer ces enveloppes, à peine plus épaisses que d'autres.

L'anecdote est révélatrice du climat qui règne autour de Nicolas Sarkozy. Le Premier ministre se fait berner par des ministres qui croient le secrétaire général plus influent que lui. La confusion des rôles règne au sommet du pouvoir. Le phénomène a été dénoncé par Bernard Accoyer. Le président de l'Assemblée nationale visait le rôle accru du président du groupe UMP, Jean-François Copé, qui empiète sur la force de proposition que devrait assumer l'UMP dirigée par Xavier Bertrand. Bernard Accoyer pense sans doute aussi à l'ascendant médiatique dont jouit Jean-François Copé à ses dépens. Mais il y a du vrai dans cette analyse.

Les missions, les fonctions, ne sont pas exercées à leur place sous la présidence Sarkozy. Il est fréquent que ses conseillers prennent la parole et dament le pion aux ministres.

Juste avant le second tour des régionales, c'est Claude Guéant qui annonce les modalités du prochain changement d'équipe gouvernementale. « Ce sera un remaniement modeste, technique, parce que de petits ajustements méritent d'être faits », juge le secrétaire général. C'est donc un préfet qui confirme au Premier ministre qu'il reste en place.

Pourtant l'article 8 de la Constitution précise différemment les choses. « Le président de la République met fin aux fonctions du Premier ministre sur présentation par celui-ci de sa lettre de démission. Sur proposition du Premier ministre le président de la République nomme les membres du gouvernement. » La composition de l'équipe ministérielle est donc supposée se décider entre le président de la République et son Premier ministre. Le secrétaire général est présent, certes, mais sans jouer un rôle de premier plan. Avec Nicolas Sarkozy, il devient suffisamment qualifié pour exprimer la pensée présidentielle, en lieu et place du chef de l'État, au détriment du Premier ministre.

Nicolas Sarkozy qui revendique sa prééminence, acquise par la légitimité de son élection, dévalue celle des ministres et du chef du gouvernement qui tirent la leur de la majorité issue d'autres élections. Le chef de l'État aurait pu supprimer le poste du Premier ministre. Il suffisait d'un article supplémentaire dans la réforme constitutionnelle adoptée en juillet 2008 à Versailles. Il n'a pas voulu modifier le texte fondamental. Mais il en change totalement la pratique, en présidentialisant le régime.

En revanche, il a introduit des dispositions qui limitent le pouvoir présidentiel. L'Assemblée nationale dispose de droits supplémentaires. La Cour des comptes a désormais deux représentants qui épluchent le budget de fonctionnement de l'Élysée. Cela n'est pas allé jusqu'à accepter une commission d'enquête parlementaire sur les sondages effectués pour la présidence, mais c'est un progrès.

Nicolas Sarkozy a surtout inscrit l'exception d'inconstitutionnalité dans notre droit. C'est la possibilité pour n'importe quel justiciable de se tourner vers le Conseil constitutionnel pour juger si la loi qui lui est opposée ne porte pas atteinte aux droits et libertés garantis par le texte fondamental. Cela veut dire que toutes les lois promulguées avant 1958 peuvent être réexaminées sous cet angle, ainsi que toutes les lois qui n'avaient pas fait l'objet d'un recours parlementaire. À l'heure où le Conseil d'État estime qu'une loi générale sur l'interdiction du port du voile intégral ne reposerait sur aucun fondement juridique incontestable, il y a fort à parier qu'une justiciable voulant se déplacer partout en France entièrement voilée s'emparera de cette nouvelle procédure pour saisir le Conseil constitutionnel. Nicolas Sarkozy aurait donc taillé lui-même les bâtons qui lui seront glissés dans les roues.

C'est tout le paradoxe du président de la République. Il est accusé de s'approprier tous les pouvoirs, mais il sème quelques outils destinés à les contester.

C'est lui qui a décidé d'interdire un troisième mandat présidentiel. Le quinquennat n'est renouvelable qu'une fois. À la question de savoir pourquoi il a voulu cette limitation, Nicolas Sarkozy répond : « Parce que je me méfie de moi. »

Ce n'est pas une boutade. Il est convaincu que le pouvoir est une drogue, que les hommes ne sont pas raisonnables face aux produits addictifs. La question est trop grave pour dépendre seulement de leur bon vouloir. Il faut leur imposer des barrières. Nicolas Sarkozy parle de lui et de tous les autres en général. Il pense aussi à ces hommes politiques qui occupent la scène pendant quarante ans. S'ils restent aussi longtemps, ce n'est pas parce qu'il n'y a personne pour prendre la relève, mais parce qu'ils bouchent la scène. Pour preuve, il suffit de se référer aux États-Unis. La succession de Bill Clinton paraissait impossible. Beaucoup regrettaient qu'il ne puisse se présenter une troisième fois. Et pourtant, quelques années après, est apparu Barack Obama. Nicolas Sarkozy a trop souffert de ces anciens qui bloquent la jeune génération en France. Il les oblige à se diriger vers la sortie. Lui y compris. Pour un homme décrit comme avide de pouvoir et ne sachant rien faire d'autre, c'est pour le moins paradoxal.

Mais Nicolas Sarkozy est aussi l'homme qui restreint l'influence d'autres instances de contrôle. La révision constitutionnelle de 2008 prévoit la création d'un Défenseur des droits. Il intégrera les compétences du médiateur de la République, et du Défenseur des enfants, dont le rôle n'a cessé de croître. Il absorbera également la Halde (la Haute autorité de lutte contre les discriminations et pour l'égalité) et la Commission nationale de déontologie et de sécurité, la CNDS. Cette instance a été créée en 2000 pour contrôler la déontologie de la police et de l'administration pénitentiaire. Les saisines de la CNDS ont augmenté de 50 % en 2009. Elle a consacré une partie de son dernier rapport aux abus récurrents concernant les gardes à vue et les fouilles à nu. Le fait de regrouper toutes ces autorités administratives indépendantes leur permettrait d'avoir plus de lisibilité. Le problème soulevé par le président de la CNDS, c'est que ce regroupement est l'occasion de modifier le mode de désignation et le fonctionnement de cette autorité. Les membres en seraient exclusivement nommés par le pouvoir politique. Le Défenseur des droits aurait beaucoup moins de pouvoir d'investigation. Il devrait déposer un préavis avant d'intervenir, il pourrait se heurter à un refus. Les autorités mises en cause pourraient s'opposer à sa venue et lui objecter le secret de l'instruction. Le contrôle serait donc extrêmement limité, balisé. Pourquoi un tel recul sous une présidence qui prône la transparence et la justice ?

Un autre paradoxe touche la vision de la France par Nicolas Sarkozy. Tout au long de sa campagne, le candidat Sarkozy s'est dit convaincu que les Français espéraient le changement, et réclamaient la rupture. Il se moquait de ses prédécesseurs qui n'osaient pas. Qui manquaient de courage, en un mot. Mais en petit comité, quand il livre le fond de sa pensée sur l'ouverture, Nicolas Sarkozy explique qu'elle est nécessaire, car ce pays est « dangereux ». C'est la traduction, décryptée sans langue de bois, de son interview au *Figaro Magazine* juste avant les régionales de 2010. La droite fustige sur tous les tons les méfaits de l'ouverture. Mais Nicolas Sarkozy refuse de rendre raison aux députés UMP qui ruent dans les brancards. Il explique qu'il veut donner « le sentiment que le président de la République oublie les considérations partisanes au moment où il choisit les personnes qu'il doit nommer, [...] ce qui contribue à apaiser les tensions ». La France est bel et bien un pays dangereux à ses yeux, car « les mouvements sociaux peuvent être violents, parce qu'il y existe une tradition de luttes sociales et idéologiques forte ».

L'ouverture sert à inspirer un sentiment apaisant. Elle ne traduit pas ce sentiment, elle n'en est que le reflet volontairement dessiné.

D'ailleurs Nicolas Sarkozy ne cherche pas à imposer l'ouverture dans les tables de la loi. Cela reste son fait personnel. Une sorte de fait d'un prince éclairé. Il a donné la présidence de la commission des Finances à l'Assemblée à un socialiste. La règle est supposée se reconduire d'elle-même, mais rien ne le garantit dans le règlement. Il a décidé de nommer le président de Radio France et de France Télévisions en Conseil des ministres. Jusqu'ici ses choix ont été incontestables sur le plan déontologique. Mais rien ne garantit qu'il ne nomme pas dans le futur des personnalités politiquement engagées en sa faveur. Il donne un poids considérable au Conseil constitutionnel, il y nomme même Michel Charasse, un ancien pilier de la mitterrandie. Mais, dans les textes, rien ne garantit la pluralité de cette institution, dont tous les membres à ce jour ont été nommés par des représentants d'une majorité de droite.

Autre paradoxe, la relation ambiguë de Nicolas Sarkozy à l'affect. Sur certaines décisions, l'affect domine. Il a dominé les premières semaines de sa présidence. Il domine sa surréaction à des rumeurs qu'il interprète comme un complot international. Il domine sa gestion des membres du gouvernement. Mais, dans le même temps, il ignore totalement la gestion humaine dans ses réflexions. Plusieurs de ceux qui le connaissent le mieux l'assurent, il avait réfléchi au programme qu'il appliquerait en arrivant au pouvoir, il n'avait pas réfléchi à la façon dont il exercerait ce pouvoir. Il revendique sa volonté de gérer la France avec les règles que l'on applique en entreprise et établit, pour les ministres, une sorte de feuille de route ou d'obligation de résultats. Mais Nicolas Sarkozy ignore totalement la gestion des ressources humaines. Il a deux DRH qui se concurrencent, François Fillon et Claude Guéant, et il laisse faire. Aucun chef d'entreprise n'accepterait une telle situation potentiellement dangereuse pour sa société.

Nicolas Sarkozy se méfie de lui-même, dit-il. Parfois il limite ses pouvoirs, parfois il s'en garde bien.

L'échec des élections régionales l'a amené à modifier sa conduite. Il se montre plus ouvert, plus à l'écoute de ses entourages, des ministres aux députés. Ce changement correspond aussi à une césure dans son quinquennat. Il a fêté son troisième anniversaire à l'Élysée. « Le temps passe si vite ici », remarque l'un de ses conseillers. Nicolas Sarkozy s'est rendu compte qu'il avait passé plus de temps à l'Élysée qu'il ne lui en restait avant la fin de son mandat. C'est comme si tout à coup il avait réalisé qu'il ne disposait plus que de deux ans. Il parle désormais de ce qu'il ferait si jamais il décidait d'être candidat. Il modifierait sa façon de faire et la composition de son entourage. Il réfléchit surtout à la façon dont un président sortant doit mener sa campagne. Est-ce l'occasion de faire le bilan de sa relation personnelle et paradoxale au pouvoir ? Est-ce l'occasion de changer ?

Si Nicolas Sarkozy reconnaît des erreurs depuis son accession à l'Élysée, c'est principalement concernant ses rapports avec la presse. Il regrette de s'être trop exposé. Mais il est conscient aussi que sa volonté de s'occuper de tout finit par le pénaliser. Désormais, il s'efforce de ne pas livrer sa position sur tous les sujets. Il a attendu avant de se prononcer sur la loi sur le voile intégral.

Officiellement, Nicolas Sarkozy n'a pas tranché la question d'un second quinquenat. Mais, déjà, il contredit tous ceux qui pensent qu'un président dont on est sûr qu'il ne se représentera pas perd tout son pouvoir sur ses troupes. C'est pourtant ce qui est arrivé à François Mitterrand. Réélu en 1988, le chef de l'État n'a pu empêcher le désastre du congrès de Rennes en 1990 où les socialistes ont lancé la bataille de sa succession. Une guerre qui n'est toujours pas totalement terminée. Nicolas Sarkozy est persuadé que, au contraire, le président qui ne se représentera pas gagne beaucoup plus de liberté. Il est libre d'organiser sa famille en distribuant les postes. Il ne craint pas un éventuel échec à la fin de son mandat, et peut donc prendre encore plus de risques politiques, pour ouvrir les chantiers les plus dangereux. Nicolas Sarkozy viserait-il un second mandat pour mener les réformes qu'il n'a pas accomplies ? Les plus sarkozystes les attendent. Ceux qui appréciaient sa capacité à transgresser les tabous conservateurs sont impatients. Ils espèrent une ambitieuse réforme fiscale, la refonte du système de l'Éducation nationale, la remise à plat du marché du travail, et des finances publiques repensées. Évidemment, ce type de réformes ne convient pas au discours protecteur que Nicolas Sarkozy envisagerait de tenir après la sortie de crise. Aux yeux de ces sarkozystes, en se coulant dans le modèle de « la France unie » type 1988 de François Mitterrand, ou « la France en grand, la France ensemble » de Jacques Chirac en 2002, Nicolas Sarkozy adopterait même la posture de l'antirupture.

Et maintenant

À quoi bon ce décryptage du tempérament politique de Nicolas Sarkozy, si ce n'est pour imaginer la suite de son quinquennat ?

Depuis la cuisante défaite des régionales de 2010, Nicolas Sarkozy veut donner le sentiment d'avoir changé. Il ne s'illustre plus dans le blingbling, ni le people. Il s'est même efforcé de ne pas claironner sa victoire après le sommet européen du mois de mai qui a pris des mesures permettant d'éviter une grave crise boursière en Europe après l'effondrement des comptes grecs.

Ce changement est-il sincère ? Ces trois années à l'Élysée l'auraient-elles enfin rassuré sur sa légitimité ? Aurait-il perdu cet impérieux désir de démontrer qu'il est le plus fort ? Serait-il enfin prêt à exercer sereinement le pouvoir présidentiel ?

Ce changement correspond-il, à l'inverse, à un changement de stratégie de communication ? Nicolas Sarkozy se livrerait-il une nouvelle fois à un grand numéro de charme politique ? Son indignation face à l'affaire Woerth-Bettencourt est-elle feinte ou sincère ?

Difficile de répondre à ces questions sans être partisan. Chaque hypothèse a sa logique propre, en fonction de ce que chacun pense intimement de Nicolas Sarkozy. Mais pour ne pas esquiver l'exercice, essayons d'étudier chacune de ces hypothèses. L'une est volontairement noire, l'autre volontairement optimiste. À chacun de trouver la sienne.

L'autocrate

Nicolas Sarkozy est, et restera, un solitaire. Il ne croit en personne, sauf en lui-même. Il a trop souvent trahi, et été trahi, pour faire confiance à quiconque désormais. Cette analyse est celle d'un proche qui l'observe depuis longtemps. Ce sarko-zyste aimerait se tromper, être démenti, mais au fond de lui il n'y croit plus guère. Il est convaincu que depuis qu'il a poussé la porte de la perma-nence UDR de Neuilly en 1974, Nicolas Sarkozy bride sa véritable nature pour atteindre son but. De 1974 à 2007, il a vécu trente-trois ans dans la posture imposée par sa stratégie politique. Il tra-vaillait tout le temps pour cela, ne prenait qua-siment pas de vacances, ne vivait que par la politique. Les erreurs de son début de quinquen-nat ne seraient pas uniquement dues à une décep-tion intime, mais au tempérament de quelqu'un qui « se lâche » enfin, et se montre tel qu'il est. Jaloux de son pouvoir, sans aucune sympathie pour autrui.

S'il entre en empathie, c'est pour séduire, pas par sympathie. Nicolas Sarkozy peut déployer une énergie considérable à comprendre les émotions d'autrui, ses attentes, sa sensibilité, sa fragilité. Mais c'est pour mieux conduire l'autre à adhérer à sa propre démarche. Il ne partage aucune de ses émotions. Elles n'entrent pas en résonance avec ses sentiments personnels.

Il s'est constamment complu dans le voisinage de grands anciens de la politique, qu'il a séduits eux aussi. Jacques Chirac autant qu'Édouard Balladur, ou Achille Peretti à Neuilly, sont des crocodiles qui ont occupé le devant de la scène pendant des dizaines d'années. Nicolas Sarkozy était leur protégé. Leur rendant visite en vacances. Adoptant leurs rites. Mais une fois installé à l'Élysée, il modifie la Constitution pour en finir avec ce genre de patriarches qui refusent de céder la place à une nouvelle génération.

Il collectionnerait « les gens comme d'autres les papillons. Quand il en voit un aux couleurs originales, inattendues, ou impressionnantes, il n'a de cesse de l'attraper. Mais une fois qu'il l'a accroché à son tableau d'exposition, il ne s'y intéresse plus. »

Nicolas Sarkozy serait un cynique, dont l'émotion fonctionnerait à sens unique, au profit de son ego. L'accession au pouvoir constituerait l'accomplissement suprême.

Mais, une fois parvenu au sommet, la gestion quotidienne du pouvoir ne l'intéresse pas. Il la redouterait même. Nicolas Sarkozy rassemble autour de lui une génération qui a des dizaines d'années d'expérience, faisant sienne une règle qui lui est insupportable chez les politiques. Le renouvellement des générations ne s'illustre pas dans la composition de sa garde rapprochée à l'Élysée.

Claude Guéant, énarque, a soixante-cinq ans, dont huit auprès de Nicolas Sarkozy, et trente dans la préfectorale. Raymond Soubie, énarque, soixante-dix ans, a commencé sa carrière de conseiller social auprès de Jacques Chirac, Premier ministre, il y a trente-six ans. Jean-David Levitte, soixante-quatre ans, était le conseiller diplomatique de Jacques Chirac à l'Élysée, entre 1995 et 2000, avant de représenter la diplomatie chiraquienne à l'ONU puis à Washington. Christian Frémont, directeur de cabinet, énarque, soixante-huit ans. Il a travaillé à l'Intérieur dans les cabinets des ministres socialistes Philippe Marchand et Paul Quilès. Il avait été choisi par Alain Juppé pour diriger le cabinet de son éphémère ministère de l'Écologie en 2007. Xavier Musca, secrétaire général adjoint, est un énarque lui aussi, mais il n'a que cinquante ans.

Cet inspecteur des Finances est un ancien de la direction du Trésor où il a secondé Jean-Claude Trichet, l'actuel président de la Banque centrale européenne.

Nicolas Sarkozy prône la rupture, mais il a grandi, et appris la politique, auprès d'anciens qui ont presque essuyé les plâtres de la Ve République. Jacques Chirac a été élu député pour la première fois en 1967, Édouard Balladur est entré dans le cabinet du Premier ministre Georges Pompidou en 1964.

Plus qu'un précurseur, Nicolas Sarkozy serait donc plutôt un enfant des débuts de la Ve, entouré par des sexagénaires, nostalgique des glorieuses années de l'UDR.

Écoutez-le évoquer la télévision de ses rêves, elle proposait *Au théâtre ce soir* et *Les Dossiers de l'écran* en noir et blanc. La publicité était discrète et les journaux, disciplinés.

Le président de la République assumerait enfin la part de nostalgie qui est en lui. Une bonne campagne de communication vanterait l'homme de la rupture après la réforme des retraites, de la dépendance, et la réussite de la présidence du G20 qui démarre fin 2010. Cela permettrait aussi de tourner cette page pour ouvrir celle, plus traditionnelle, du président rassembleur pour sa réélection de 2012. Nicolas Sarkozy incarnerait « la protection face à la gauche qui prône l'assistanat », imaginent déjà des conseillers.

Le pouvoir politique serait plus que jamais centralisé à l'Élysée. Les autorités de contrôle seraient de moins en moins indépendantes, comme la Commission nationale de déontologie de la sécurité. Les organisations syndicales auraient suffisamment voix au chapitre pour garder la maîtrise des mouvements sociaux. L'opposition politique de gauche s'égosillerait en vain, réduite à une contestation stérile ou au ralliement mortifère.

La participation à la présidentielle retomberait à 72 %. À 58 % pour les législatives. Réélu avec 54 % des suffrages, Nicolas Sarkozy serait le maître d'un régime présidentiel aux relents autocratiques, mais s'en défendrait avec vigueur du fait de son incapacité constitutionnelle à se représenter en 2017. Grâce à cette légitimité de président sans ambition électorale, Nicolas Sarkozy aurait assez d'autorité pour désigner son successeur à droite. Une ancienne journaliste de télévision, issue de l'immigration, nommée ministre en 2015. Il en deviendrait alors le Premier ministre, le seul poste qu'il n'ait jamais encore occupé. Son incroyable capacité de séduction, doublée de sa longue expérience élyséenne, lui permettrait de parlementariser le régime, et de ramener la réalité du pouvoir à Matignon. Nicolas Sarkozy envisagerait de se représenter à l'Élysée en 2022. Il n'aurait que soixante-sept ans, mais renoncerait, après avoir perdu le caucus décisif organisé dans les Hauts-de-Seine, face à son fils Jean, âgé de trente-six ans, dans le cadre de la nouvelle organisation de l'UMP adoptée dix ans plus tôt.

L'apaisé

Désormais, à chacune de ses visites de terrain, Nicolas Sarkozy prend des notes avec son stylo-bille à encre bleue. Il prend des notes pendant les rencontres avec les parlementaires. Il prend des notes sur les questions que lui posent les journalistes lors des briefings off. Car, désormais, Nicolas Sarkozy écoute. Il écoute longtemps, même.

Le président de la République a changé. Il ne le dit plus, comme lors du lancement de sa campagne présidentielle en 2007, mais il fait en sorte que cela se sache. Les parlementaires qui le rencontrent rendent compte régulièrement, dans la presse et auprès de leurs collègues, de la nouvelle attitude présidentielle.

Ses conseillers l'assurent, il est plus à l'écoute de la presse et des parlementaires. « Certes, il force un peu son tempérament naturel, qui est de débattre et de se porter en avant, mais il a intégré l'idée que c'est tout aussi efficace qu'il se tienne à distance, et apparaisse comme l'instigateur des choses plutôt que leur commentateur », résume un membre de son cabinet.

Il considère qu'il est celui qui a mené le sommet européen qui a permis de sauver la situation en Grèce, en mai 2010, mais Nicolas Sarkozy s'astreint à ne pas le claironner. Il laisse l'information s'imposer d'elle-même dans les commentaires de presse. Bien sûr, ses conseillers soulignent le trait et font remarquer la stratégie de « profil bas » qui prévaut désormais. Ils rejettent d'ailleurs le mot « stratégie ». Il s'agit d'un changement d'attitude volontaire. « Il a fallu une réflexion pour y arriver, c'est le fruit de l'expérience. »

L'expérience élyséenne aurait eu raison des peurs sarkozystes. Il n'a plus besoin d'être rassuré par le pouvoir, il prend plaisir à l'exercer, avec la distance et la hauteur qui conviennent. Son calendrier de réformes a été établi après les élections régionales, et l'analyse scrupuleuse du vote de son électorat.

Les personnes âgées ont boudé les urnes. La dépendance est donc le second grand chantier après les retraites. Cette réforme doit permettre de renouer avec l'image et les fondamentaux du candidat. Engager courageusement une réforme trop longtemps reportée, y injecter un marqueur de justice sociale, le tout devant symboliser l'incarnation d'une autorité de l'État qui n'hésite pas à assumer sa responsabilité, quel qu'en soit le prix politique.

Les médecins et les agriculteurs aussi ont fait défaut à l'UMP. La stratégie de communication est donc recentrée sur ces catégories, sans oublier le dossier de la sécurité, notamment en milieu scolaire. Plutôt que de multiplier les thèmes et les discours, Nicolas Sarkozy préfère marteler ces argumentaires destinés à des publics précis.

Le chef de l'État accueille plus sereinement les critiques des parlementaires. Sa nouvelle posture démontre qu'il les a entendues. Le président de la République est également convaincu que, s'il souhaite être candidat, il s'imposera naturellement à son camp. La règle s'est appliquée à tous les présidents sortants. Valéry Giscard d'Estaing en 1981. François Mitterrand en 1988. Et Jacques Chirac en 2002. Même lui, Nicolas Sarkozy, dont l'ambition était des plus déterminées, avait convenu qu'il ne pouvait aller contre le président sortant. Aucun Dominique de Villepin ou autre Alain Juppé ne pourra lui griller la politesse. Même François Bayrou prend ses distances avec la gauche pour revenir dans son giron.

L'expérience donne de l'assurance.

Il ne reste plus qu'un effort à faire à Nicolas Sarkozy, celui de laisser ses ministres gouverner. Le remaniement ne doit pas avoir lieu avant l'automne, mais l'examen de passage est déjà lancé. Nicolas Sarkozy encourage les ministres à bouger, à prendre des initiatives. Les plus actifs seront récompensés. Les autres... Leur sort est lié au succès de la réforme des retraites et de la dépendance, et par conséquent à la cote de popularité du chef de l'État. De son image personnelle dépend l'ampleur du choc à donner dans le cadre d'un remaniement dix-huit mois avant la présidentielle. Si les Français sont convaincus par le changement d'attitude de Nicolas Sarkozy, il peut persévérer dans cette voie.

Un succès au G20 et une baisse du chômage lui permettraient alors de déployer ses ailes de protecteur d'une nation éprouvée par une crise qu'il a su juguler. Il pourrait incarner un pouvoir politique apaisé, en renvoyant la gauche à une posture sectaire crispante.

Grâce à un nouveau casting gouvernemental, fort des nominations, avant les régionales, de personnalités de gauche à des instances de contre-pouvoir comme le Conseil constitutionnel et la Cour des comptes, Nicolas Sarkozy se défendrait de toute dérive autocratique, d'autant qu'il se présenterait pour un dernier mandat. Cette incapacité à se représenter l'immuniserait contre la tentation de mener une politique électoraliste. Contrairement à ses concurrents, il pourrait prendre le risque de mener certaines réformes plus transgressives. Une partie de son électorat les espère encore. Par exemple, la remise à plat du marché du travail, des comptes publics, de l'Éducation nationale.

Contrairement à l'adage qui veut qu'à la présidentielle, d'abord, on rassemble les siens, puis on élargit le nouveau Sarkozy rassemblerait d'abord par l'apaisement, puis récupérerait les déçus de la rupture.

Si la mue du président rassuré apparaît sincère, et si la situation économique lui consent un petit coup de pouce, Nicolas Sarkozy peut voir un boulevard s'ouvrir devant lui en 2012.

REMERCIEMENTS

Ce livre repose sur des témoignages de personnalités qui connaissent bien et apprécient Nicolas Sarkozy. Elles ont accepté de me faire part de leurs analyses, pas forcément complaisantes mais sincères, à la condition de ne pas être identifiées. Je tiens à les remercier de leur confiance, sans en citer aucune, y compris celles qui n'ont pas réclamé cet anonymat, pour ne pas embarrasser celles qui y tiennent. Leur apport m'était indispensable pour étayer ce qui, sans cela, n'aurait été qu'un raisonnement personnel sans intérêt.

Je remercie également la direction de France Info qui m'a offert la liberté d'écrire ce livre. Ma gratitude toute particulière pour Louise, Germain, Olivier et Yannick, qui ne devinent même pas combien je me suis appuyée sur eux. Ma reconnaissance à tous et à toutes, à Radio France Info, qui m'ont permis de venir à bout de cette année.

Merci à ma famille d'être comme elle est.

Remerciements

Ce livre n'existerait pas [...] remercie de personne [...] qu'il connaisse bien et appelle leur Nicolas Sarkozy [...] Elle me remercie de me faire part de leurs incitations [...]

TABLE